Ingrid Biermann

Das Kinder garten fingerspiele buch

HERDER

FREIBURG · BASEL · WIEN

Bei einigen Texten war es trotz intensiver Recherche nicht möglich, den Rechtsträger ausfindig zu machen. Für Hinweise sind Autor und Verlag dankbar.

2. Auflage 2012

© Verlag Herder GmbH, Freiburg im Breisgau 2012
Alle Rechte vorbehalten
www.herder.de

Umschlagkonzeption und -gestaltung: Reckels & Schneider-Reckels, Wiesbaden
Illustrationen Umschlag und Innenteil: Elisabeth Lottermoser, Gütersloh

Satz und Gestaltung: Arnold & Domnick, Leipzig
Herstellung: fgb · freiburger graphische betriebe
www.fgb.de
Printed in Germany

ISBN 978-3-451-32488-8

Inhalt

6

Vorwort

Liebe Erzieherin,

Fingerspiele haben eine lange Tradition. Schon die Großeltern und Urgroßeltern haben die positive Wirkung von Fingerspielen gekannt und sie bewusst eingestezt. Sie wurden zur Förderung, zur Beruhigung des Kindes, zur Überbrückung von langen Wartezeiten und zum Trösten eingesetzt.

Fingerspiele wie „Das ist der Daumen", „Wie das Fähnchen auf dem Turme" oder „Da hast' nen Taler" sind auch heute noch sehr beliebt. Jeder kann sich bestimmt noch an Situationen aus der eigenen Kindheit erinnern, wenn man durch Fingerspiele getröstet wurde, sich entspannen konnte oder Zuneigung erfuhr.

Mein Beruf als Erzieherin und meine Rolle als zweifache Mutter hat mich immer wieder kreativ werden lassen. Ich habe darum für jede Zeit und jede Situation, die in der Beschäftigung angesagt war, eigene Fingerspiele geschrieben. Ich habe gereimt, gesungen, Finger- und Bewegungsgeschichten erfunden und festgestellt, dass das Interesse der Kinder an neuen Dingen niemals nachlässt. Zwar waren auch bei meinen eigenen Kindern und auch bei denen, die ich als Erzieherin jeden Tag zu begleiten hatte, die Fingerspiele aus Omas Zeiten beliebt, aber Neues wurde immer gern aufgenommen und auch verlangt. Diese Erfahrung hat mich dazu motiviert, ein großes Fingerspielbuch mit neuen und alten Finger-, Bewegungs- und Körperspielgeschichten zusammenzustellen.

Alle Impulse sind leicht umzusetzen, denn die meisten Bewegungen werden durch den Text vorgegeben. So ist dieses Buch ein abwechselungsreiches Mitmachbuch, das zu Ihrem täglichen Begleiter werden möchte.

Ich wünsche Ihnen eine fröhliche Fingerspielzeit.

Ihre

Ingrid Biermann

Einleitung

Der Gehirnforscher Manfred Spitzer ist ein erklärter Gegner der „Computerisierung" in Kindergärten und Schulen. Medien wie TV und Computer, so Spitzer, bieten keinerlei Lernzuwachs. Sie tragen zur Inaktivität des Gehirns bei und verhindern die Synapsenbildung. Starke Synapsen sind aber die Basis für schnelle Lernprozesse. Sich aktiv auf etwas Neues einzulassen, etwas begreifen lernen und können, macht glücklich. Somit ist auch der emotionale Aspekt ein wichtiger Bestandteil für die Bildung von Intelligenz.

In diesem Zusammenhang fordert er auf, **statt Zeit am Laptop zu verbringen, besser Fingerspiele zu machen und Kuchen zu backen.** Laut Spitzer werden über die Medien die Gehirnneuronen von Kindern nur einmaligen Eindrücken ausgesetzt. Es sei viel wichtiger das Gehirn in sozialen Interaktionen zu trainieren. Erst das Wiederholen von Handlungen stärke die Synapsenverbindungen und ermögliche das Lernen. (Vgl. *Schabel Michaela, Fingerspiele statt Laptops: Wie wir wirklich gut lernen, Mittelbayerische Zeitung, 7.06.2011*)

Aktives Lernen gelingt z.B. über Fingerspiele und Fingerspielgeschichten, die Spaß machen und die Mitmachfreude anregen. Sie bereichern den Wortschatz, stärken die Entwicklung der Sozialkompetenz und haben auf Kinder eine sehr große emotionale Wirkung. Sie machen aus traurigen fröhliche, aus trotzigen ausgeglichene, aus verspannten entspannte und aus unkonzentrierten konzentrierte Kinder.

Mit etwas Fantasie lädt jedes Fingerspiel zu anderen vielfältigen und interessanten Aktivitäten ein. Sie lassen sich in Geschichten, Bewegungsspiele, Körperspielgeschichten, Spiellieder verwandeln oder können sogar mit Farbe, Sand oder Rasierschaum sichtbar werden.

Schon im Mutterleib spielt das Kind mit seinen Fingern und sobald es das Licht der Welt erblickt, sind die Finger ein beliebtes „Spielzeug". Völlig losgelöst von der Umgebung, betrachtet der Säugling das Spiel seiner Finger. Aufmerksam hört und schaut er zu, wenn Mutter, Vater, Oma, Opa oder eine andere Bezugsperson mit den Fingern etwas vorspielen, leise dazu singen oder liebevoll den Körper berühren. Sofort wird das Kind ruhig, löst und entspannt sich, vergisst Schmerzen und fühlt sich angenommen.

Mit etwa 3 Monaten sind die ersten Gurrlaute und andere erste Lautäußerungen zu hören.

Mit etwa 7 Monaten lauscht es und versucht die Sprachmelodie nachzuahmen. Es versucht schon, bei kleinen Fingerspielen mitzumachen.

Mit etwa 10 Monaten kann es einige leichte Worte nachplappern und die Fingerbewegungen dazu werden intensiver.

Mit 12 Monaten versucht es Mimik und Gestik der Bezugsperson nachzumachen und nimmt Kontakt zu anderen Kindern auf.

Mit etwa 15 Monaten kann sich das Kleinstkind sicher zu kurzen Texten bewegen, rhythmisch klatschen oder stampfen. Leichte Fingerspiele, Lieder und Reime bereiten ihm keine Probleme.

Mit etwa 1,5 Jahren kann es sich Handlungsfolgen merken und somit seine Handlungen besser planen. Nun werden Fingerspiele schon aktiv mitgemacht und verstanden.

Mit 2 Jahren übernimmt das Kleinkind im Spiel kleine Rollen, es interessiert sich für das Resultat seines Tuns, seine Ausdrucksweise wird deutlicher und sein Wortschatz erweitert sich auf etwa 50 Wörter. Es hört aufmerksam zu, liebt die Melodie des Wortes und versucht mitzusprechen.

Mit 2,5 bis 3 Jahren ahmt es Tierlaute nach, kann Körperteile benennen und hört aufmerksam kleinen Geschichten zu. Jetzt gelingt es dem Kleinkind, leichte Fingerspiele mit einfachen Texten selbst aufzusagen oder sogar Neues dazu zu erfinden.

Ab 3,5 Jahren sollte das Kind die Muttersprache weitgehend beherrschen. Es erzählt Erlebnisse in der richtigen Reihenfolge und hört nun auch schon längeren (Fingerspiel) Geschichten zu.

Ab 4 Jahren kann es Zusammenhänge erkennen, sich erinnern und Erlebnisse so berichten, dass man der Erzählung folgen kann.

Ab 5 Jahren kann es über Symbole Fingerspiele, Reime oder Geschichten problemlos abrufen, frei vortragen und eigene Sprachspielideen entwickeln.

Ab 5,5 Jahren verfügt es über eine längere Konzentrations- und Aufnahmefähigkeit, über viel Fantasie und Ausdauer und eine lebendige Ausdrucksfähigkeit.

Zehn gute Gründe für den Einsatz von Fingerspielen

1. Fingerspiele sind ein pädagogisches Instrument.
Die Erzieherin kann mit Hilfe der Fingerspiele schnell mit dem einzelnen Kind oder aber auch mit der Gruppe in Kontakt treten. In diesen kleinen Interaktionen werden Aufmerksamkeiten ausgetauscht, Nähe hergestellt und Kontakte aufgebaut.

2. Die Fingerspiele und Geschichten erfordern ein hohes Maß an Aufmerksamkeit.
Wie schon durch den Beitrag von Manfred Spitzer bekannt, lernt das Kind durch Wiederholungen und Nachahmung. Zuschauen, Zuhören, Mitmachen und ständiges Wiederholen helfen ihm, die kleinen Geschichten zu verstehen und aktiv zu sein.

3. Fingerspiele unterstützen die Wahrnehmungs- und Sinnesentwicklung.
Bei einem Fingerspiel hört und sieht das Kind zu und es bewegt seine Finger. Somit sind der visuelle, der akustische und der kinästhetische Sinn auf Empfang gestellt. Zusätzlich wird die Auge-Hand-Koordination trainiert.
Die dabei gemachten emotionalen Erfahrungen stärken die Freude am Tun, so können Bildungsprozesse entstehen.

4. Fingerspiele unterstützen das Wachstum der sozialen Intelligenz.
Mit etwa 2 Jahren tritt das Kind gerne mit anderen in Kontakt. Es spielt mit Anderen, hört zu und tritt mit ihnen in Interaktion. Dabei muss es sich auf Situationen einlassen und lernt zuzuhören, mitzumachen, sich der Gruppe oder einer einzigen Person anzupassen und Rücksicht zu nehmen.

5. Fingerspiele trainieren das Gedächtnis und die Konzentration.

Durch die Wiederholung eines Fingerspiels trainiert das Kind spielerisch seine Konzentrationsfähigkeit. Macht die Bezugsperson das Fingerspiel immer mit der gleichen Mimik und Gestik, der gleichen Sprachmelodie, der gleichen Bewegungen der Finger vor, dann erinnert sich das Kind schnell wieder an Worte und Handlungen und wird aktiv. Mit Hilfe ganzheitlicher Aufbauimpulse (siehe Kapitel 6) ist dann das Kind ab 3 Jahren in der Lage, über die Katze, die es auf der Wiese sieht, das erlernte Fingerspiel abzurufen. So wird schon im Kleinkindalter die Basis für ein gut trainiertes Gedächtnis und Erinnerungsvermögen gelegt.

6. Fingerspiele geben einen Einblick in die Welt der Mathematik.

Begriffe wie leicht und schwer, groß und klein, viel und wenig, lang und kurz sind die elementaren Grunderfahrungen für späteres mathematisches Denken. Fingerspieltexte enthalten diese Begriffe. Durch die begleitende Bewegung und die vielfältige Aufbauimpulse werden diese Begriffe vertieft, ausgeweitet, erlebbar und begreifbar gemacht.

7. Fingerspiele unterstützen die Bildung der Sprache.

In jedem Fingerspiel erfährt das Kind neue ihm unbekannte Worte. Diese werden zunächst erst einmal gehört und noch nicht verstanden. Bis zum Verstehen ist es noch ein weiter Weg. In vielen Fingerspielen und Geschichten hört das Kind Adjektive, Präpositionen, Pronomen, Verben, Substantive oder Artikel. Diese vielen unterschiedlichen Worte kann das Kind nur durch aktives Erleben und Tun begreifen und verstehen. Hört es das Wort "rau", so sollte es im freien Spiel auch raue Dinge begreifen können. Hört es das Wort „schnell", so sollte es mit seinem Körper auch schnelle Bewegungen machen. Hört es das Wort „laut", so sollte es auch laute Geräusche machen. Es muss die Sprache lebendig erleben und dazu laden der Text eines Fingerspieles und eine vielfältige Aufbereitung des Textes, ein. Worte werden nicht nur gehört, sondern meist mit dem ganzen Körper durch Gestik und Mimik erfahren. Bei einem Fingerspiel, einer Geschichte oder einem Reim setzt sich das Kind auch mit der Satzbildung auseinander; denn in Fingerspielen und Geschichten wird immer in ganzen Sätzen gesprochen. Es lernt die Reimsprache kennen und entwickelt schon früh ein Gefühl dafür. Auch die Auseinandersetzung mit der Sprachmelodie und dem Sprechrhythmus ist durch Fingerspiele, Reime und Geschichten gegeben. Durch Summen, Surren oder Zischen trainiert das Kind seine Mundmuskulatur. Somit ist jedes Fingerspiel, jede Geschichte, jeder Vers eine frühe spielerische Unterstützung in der Sprachentwicklung.

8. Fingerspiele vermitteln spielerisch naturwissenschaftliche Erkenntnisse.

Ob die wärmende Sonne den Schnee schmilzt, der Regen die Erde nass macht, der Wind die Blätter von den Bäumen holt, ob Vögel fliegen oder Enten schwimmen, ob aus Wasser und Sand Matsche wird oder der Stein nach unten fällt, all diese Erkenntnisse werden auch in Fingerspielen, Mitmachgeschichten oder kleinen Reimen thematisiert und somit wird das, was „Wissen schafft", zum alltäglichen Erlebnis.

9. Fingerspiele unterstützen das Bedürfnis nach Bewegung und Entspannung.

Fingerspiele fordern zur Bewegung, aber auch zur Entspannung auf. Jeder Inhalt eines Fingerspiels kann in Bewegung, aber auch als Körperwahrnehmungsspiel in der Entspannung erlebt werden. Die Fingerspielsprache auf dem Körper zu spüren, kann in vielen Tagessituationen positiv genutzt werden. Spüren die Kinder den Käfer, den Regen oder die kleine Maus auf ihrem Rücken, so fällt in den meisten Fällen die körperliche Anspannung ab und Entspannung macht sich breit. Über Körperspielgeschichten kann die Erzieherin sehr schnell Kontakt mit dem Kind aufbauen.

10. Fingerspiele unterstützen als Impulsgeber das ganzheitliche Lernen.

Mit Hilfe eigener vielfältiger Erfahrungen lernt das Kind, Dinge und Abläufe zu erkennen und zu benennen. Diese vielfältigen, sinnlichen Erfahrungen machen es möglich, den Alltag und somit das Leben zu begreifen, zu verstehen, zu erlernen. Ein Fingerspiel kann zu diesen vielfältigen Erfahrungen einladen, denn es bietet mehr als nur Zuhören und Nachmachen. Es kann auf verschiedenen Sinneskanälen erfahrbar gemacht werden. Somit kann das Fingerspiel problemlos zu einem Bewegungsspiel, Kreativspiel oder Körperwahrnehmungsspiel werden. Es kann ein Impuls für eine musikalische, mathematische oder naturwissenschaftliche Erfahrung sein und auf der Wahrnehmungsebene zum Riechen, Schmecken und Fühlen einladen. Durch dieses lange Verweilen bei einem Text wird dem Kind Zeit und Raum gegeben, die Sprache des Fingerspiels zu verstehen und die Bewegung zu begreifen. Alle Erfahrungen werden im Gehirn miteinander vernetzt, geordnet und gespeichert und sind somit jederzeit abrufbar. Die Impulse in diesem Buch laden dazu ein, nach dem ganzheitlichen Ansatz weiter ausgebaut zu werden. Ein Beispiel dieser Möglichkeit finden Sie im Exkurs S. 132. Somit wird dieses Buch nicht nur zu einem Sammelexemplar von Fingerspielen, sondern zu einem Buch, welches ganzheitliches Arbeiten unterstützt.

Didaktik der Fingerspiele

Ein Fingerspiel, eine Mitmachgeschichte oder ein Reim überbrückt Zeit und füllt sinnvoll viele Situationen. Darum sind sie so beliebt. Sie können auf dem Spielplatz, beim Spaziergang, im Wald, im Waschraum oder im Schlafraum eingesetzt werden und werden dort, sofern der Rahmen stimmt, schnell mitgemacht.

Zu einem guten Rahmen gehört eine Erzieherin die das, was sie sagt, auch lebt und die durch ihre Ausstrahlung Wortinhalte oder Aussagen darstellt. Ist im Fingerspiel jemand traurig, so sollte die Stimmmelodie auch traurig sein. Ist jemand fröhlich, so sollte sie fröhlich sein. Der bekannte Spannungsbogen muss in einem Fingerspiel hörbar und sichtbar gemacht werden.

Nur wenn die Worte klingen und die Bewegungen schwingen, kommen die Inhalte an. Ein Fingerspiel muss von allen Kindern, egal ob im Spielkreis, auf der Wiese oder beim Schlafengehen, gehört und gesehen werden. Kinder, die lebendig ins Geschehen mit einbezogen werden, hören länger und interessierter zu. Fingerspieltexte sind oft kleine Geschichten, die von der Erzieherin gefühlvoll, klar, deutlich und so langsam vorgetragen werden sollten, dass jedes Kind, die Bewegungen mitmachen und die Inhalte nachvollziehen kann. Die Kinder spiegeln schnell wieder, ob es der Erzieherin gelungen ist, den Text aussagekräftig zu vermitteln.

Arbeiten mit diesem Buch

Die Altersangaben geben immer das aktive Alter an, d. h. das Kind kann dieses Fingerspiel dann schon aktiv mitgestalten, verstehen und teilweise mitsprechen. Jüngere schauen zu, hören zu oder spüren das Fingerspiel beim Wickeln oder in einem ganz persönlichen Kontakt als Körperwahrnehmungsspiel auf dem Körper. Ältere Kinder lernen schnell Text und Bewegung und lassen aus dem Fingerspiel mit ihren Ideen ein interessantes Projekt entstehen. Altersunabhängig zeigt jedes Kind durch sein Verhalten, ob es über- oder unterfordert ist. Somit sind Signale wie Zappeligkeit, Daumen lutschen oder wütend werden wichtige Hinweise für die weitere Gestaltung einer Spielsituation.

Die Bewegungen zu den Spielimpulsen sind oft schon durch den Text ersichtlich und daher schnell und leicht durchzuführen.

Die meisten Fingerspiele eignen sich gut für die ganzheitliche Aufbereitung (siehe Exkurs S. 132). Die genannten Aufbauimpulse lassen als Beispiel erkennen, wie vielfältig ein Fingerspiel aufbereitet werden kann.

Jeder Impuls kann situationsabhängig von der Länge her gekürzt, auf mehrere Tage verteilt, über mehrere Tage wiederholt oder sogar mit neuen Strophen verlängert werden. Somit kann jede Erzieherin auf die Bedürfnisse der Kinder eingehen und gemeinsam mit ihnen Wunderbares erleben. Viele Impulse können somit über Tage oder Wochen gemeinsam erlebt werden (siehe Exkurs S. 132)

Verwendete Piktogramme

 Bewegungsspiel

 Kreativspiel

 Spielgeschichte

 Körperwahrnehmungsspiel

Fingerspiele
für jede Gelegenheit

Sie, liebe Erzieherin, kennen bestimmt Zeiten, in denen die Kinder besondere Aufmerksamkeit verlangen. Die Phase der Loslösung von den Eltern, die Zeit vor dem Schlafengehen, die Zeiten vor oder während der täglichen Mahlzeiten, all diese Situationen verlangen von Ihnen ein großes Maß an pädagogischem Geschick. Wenn die Kinder unruhig, ungeduldig und uninteressiert wirken, könnte dies ein Signal dafür sein, dass sie nun besondere Aufmerksamkeit und Zuwendung benötigen. Hier können kleine Fingerspiele große Wunder wirken. Sie können als „emotionale Blitzableiter" gesehen werden und aus einer angespannten Situation eine entspannte machen.

Im folgenden Kapitel finden Sie jede Menge Fingerspielideen, auf die Sie den Tag über zugreifen können, um damit unterschiedliche Situationen sinnvoll zu begleiten.

Sonne, Mond und Sterne

Alter: *ab 4 Jahren*

Ich hab' zehn Finger, schau einmal her,
    mit allen Fingern zappeln
damit zu zaubern ist nicht schwer.

Hokuspokus, eins, zwei, drei,
    in die Hände klatschen
ich zaubre Sterne schnell herbei.
    alle Finger spreizen
Sie ziehen langsam und ganz sacht
    die Hände hin und her bewegen
durch die rabenschwarze Nacht.

Hokuspokus, eins, zwei, drei,
    in die Hände klatschen
ich zaubre einen Mond herbei.
    mit einer Hand einen Halbkreis zeigen
Ganz langsam wird der Mond ganz rund,
    mit der anderen Hand einen Halbkreis zeigen und diesen
    langsam an die andere Hand führen
er leuchtet hell so manche Stund'.
    die Hände als Kreis langsam hin und her bewegen

Hokuspokus, eins, zwei, drei,
in die Hände klatschen
ich zaubre noch etwas herbei.
Die Sonne wärmt die schöne Welt,
mit beiden Armen einen großen Kreis bilden
den Blumen das sehr gut gefällt.
die Hände in Gebetshaltung zusammenlegen
und langsam öffnen

Hokuspokus, eins, zwei, drei,
in die Hände klatschen
vorbei ist nun die Zauberei.
Meine Hände geh'n nach Haus
Hände auf den Rücken führen
und das Zauberspiel ist aus.

Auf einem hohen, hohen Berg

Alter: *ab 2,5 Jahren*

Auf einen hohen, hohen Berg
> *die Fingerspitzen der beiden Hände zusammenhalten und die Arme langsam
> ganz hoch strecken*
klettert hinauf ein kleiner Zwerg.
> *mit dem Zeigefinger einer Hand langsam auf einem Arm hoch laufen*
Er ist überall im Land
als Kletterzwerg bekannt.
> *langsam weiter laufen*
Oben auf des Berges Spitze
> *mit den Fingerspitzen auf den Kopf klettern*
sitzt der Zwerg mit seiner Mütze.
Er ruht sich hier ein wenig aus,
schaut in die weite Welt hinaus.
> *den Finger ruhig auf dem Kopf stehen lassen*
Nun rennt er frisch und munter,
vom Berg wieder herunter.
> *langsam den Arm wieder herunter laufen*
Das hat dem Zwerg viel Spaß gemacht,
drum hat er sich was ausgedacht.
Er rennt geschwind noch mal hinauf
und setzt sich auf die Spitze drauf.
> *die Fingerbewegung wiederholen*
Rennt dann noch einmal frisch und munter
schnell den Weg wieder herunter.
> *die Fingerbewegungen wiederholen.*
Weil er das Spiel so gerne mag,
rennt er nun den ganzen Tag
sehr vergnügt und auch ganz munter
immer rauf und wieder runter.
> *die Fingerbewegungen immer wiederholen*

Jetzt ist er müd', der Kletterzweg,
er läuft langsam in den Berg.
langsam den Arm hinunterlaufen und den Finger in die Handfläche legen
Dort schläft er, bis der Tag erwacht,
Finger in der Hand still liegen lassen
nun tief und fest die ganze Nacht.
Doch plötzlich kriegt der einen Schreck – und läuft weg.
der Finger läuft über den Körper hinter den Rücken

Ein Segelschiff schwimmt auf dem Meer

Alter: *ab 4,5 Jahren*

Ein Segelschiff schwimmt auf dem Meer,
eine Hand waagerecht halten, die andere aufrecht als Segel an das Handgelenk legen
der Wind er treibt das Schiff umher.
blasen und das Segelschiff hin und her bewegen
Er bläst und bläst, der Mast bricht ab,
die aufrechte Hand umknicken und wegnehmen
das Segelschiff ist nun ganz schlapp.
die waagerechte Hand still halten
Ohne Mast kommt es nicht fort,
es schwimmt nur noch am selben Ort.
die waagerechte Hand auf der Stelle hin und her bewegen
Doch der Wind er ist zur Stell',
bläst es ans Ufer, ganz, ganz schnell.
blasen und die waagerechte Hand bewegt sich vorwärts
Das Segelschiff ist nun zu Haus,
drum ist auch die Geschichte aus.
die Hand hinter den Rücken legen

Zehn kleine Gespenster

Alter: *ab 4 Jahren*

10 kleine Gespenster,
die sehe ich am Fenster,
  die Finger still halten
sie zappeln ganz schnell
vergnügt auf der Stell'.
  mit den Fingern auf der Stelle zappeln

10 kleine Gespenster
die sehe ich am Fenster,
  die Finger still halten
sie laufen ganz schnell
vergnügt auf der Stell'.
  mit den Fingern hin und her laufen

10 kleine Gespenster,
die sehe ich am Fenster,
  die Finger still halten
sie springen ganz schnell,
vergnügt auf der Stell.
  Finger rauf und runter bewegen

10 kleine Gespenster,
die sehe ich am Fenster,
  die Finger still halten
sie tanzen ganz schnell
vergnügt auf der Stell'.
  Finger im Kreis bewegen

10 kleine Gespenster,
die sehe ich am Fenster,
  Finger still halten
komm' ich an den Ort,
dann husch sind sie fort.
  Hände hinter den Rücken legen

Das ist der Klaus

Alter: *ab 4 Jahren*

Das ist der Klaus,
den Daumen anfassen
der will nach Haus.

Das ist der Peter,
den Zeigefinger anfassen
der kommt heute später.

Das ist der Franz,
den Mittelfinger anfassen
der geht heut' zum Tanz.

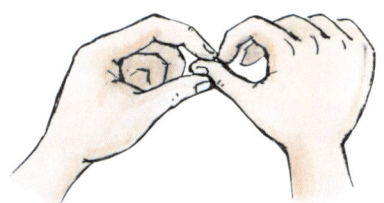

Das ist der Heinz,
den Ringfinger anfassen
der fährt gleich nach Mainz.

Und das ist Pit,
den kleinen Finger anfassen
der ist immer fit.

Die fünf Freunde, die laufen nach Haus
die Finger bewegen und hinter den Rücken legen
und nun ist die Geschichte aus.

Ich schau auf meine kleinen Finger

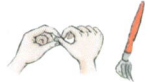

Alter: *ab 2 Jahren*

Ich schau auf meine kleinen Finger,
es sind heute ganz flinke Dinger.
> *die 10 Finger zeigen*

Sie bleiben niemals stille steh'n,
du kannst sie immer zappeln seh'n.
> *mit den Fingern zappeln*

Mal sind sie oben und mal unten,
> *mit den Fingern oben und unten zappeln*

mal sind sie alle schnell verschwunden.
> *die Finger hinter den Rücken halten*

Mal sind sie hier, mal sind sie dort,
> *mit den Fingern rechts und links seitlich zappeln*

mal auch an einem fremden Ort.
> *auf ein beliebiges Körperteil springen*

Mal sind sie groß, mal sind sie klein,
> *Finger strecken und beugen*

mal schlafen sie gemeinsam ein.
> *Finger ineinander legen*

Mal springen sie auf (meinen) deinen Bauch,
> *mit den Fingern auf den Bauch springen*

auf den Kopf springen sie auch.
> *mit den Fingern auf den Kopf springen*

Doch sind die müd' und brauchen Ruh',
machen sie ihre Augen zu.
> *die Finger zur Faust ballen*

Mit den Händen hin und her

Alter: *ab 1,5 Jahren*

Mit den Händen hin und her,
ja das ist doch gar nicht schwer.
　　mit den Händen hin und her zappeln
Zappeln kann ich ganz geschwind,
dieses Spiel mag jedes Kind.

Mit den Händen klatsch, klatsch, klatsch,
ja das macht so richtig Spaß.
　　mit den Händen klatschen
Klatschen kann ich ganz geschwind,
dieses Spiel mag jedes Kind.

Mit den Händen patsch, patsch, patsch,
ja das macht so richtig Spaß.
　　mit den Händen auf die Oberschenkel schlagen
Patschen kann ich ganz geschwind,
dieses Spiel mag jedes Kind.

Mit dem Spiel, da ist jetzt Schluss,
weil jede Hand nun ruhen muss.
Ja, die Hände ruh'n sich aus,
　　Hände auf die Oberschenkel legen
laufen dann ganz schnell nach Haus.
　　Hände hinter den Rücken legen

Ja, so fährt die Bimmelbahn

Alter: *ab 2,5 Jahren*

*in der ersten Strophe die Hand langsam von der Schulter runter
bis zu den Füßen ziehen*

Ja, so fährt die Bimmelbahn,
sie kommt langsam heut' voran.
Sie fährt immer nur bergab,
sie schnauft und ist ein wenig schlapp.
Sie fährt in den Bahnhof ein,

mit der Faust langsam über den Boden ziehen

die Fahrt soll nun zu Ende sein.

die Faust bleibt still auf dem Boden liegen

*in der zweiten Strophe mit der Hand schneller von der
Schulter runter zu den Füßen ziehen*

Schau, so fährt die Straßenbahn,
sie kommt schneller heut' voran.
Sie fährt immer nur bergab,
sie schnauft nicht und macht nicht schlapp.
Sie fährt in den Bahnhof ein,

mit der Faust schnell über den Boden ziehen

die Fahrt soll nun zu Ende sein.

die Faust bleibt auf dem Boden liegen

Alle meine Finger

Alter: *ab 2 Jahren*

Hinweis: *Die Kinder sitzen im Kreis.*

(Melodie: „Alle meine Entchen", Text: Ingrid Biermann)

1. Al - le mei - ne Fin - ger zap - peln hin und her,

zap - peln hin und her, zap - peln auf und

nie - der, das ist gar nicht schwer.

mit den Fingern zappeln

1. Alle meine Finger,
    zappeln hin und her,
    zappeln hin und her,
    zappeln auf und nieder,
    das ist gar nicht schwer.

mit Händen und Füßen zappeln

2. Die Hände und die Füße
    zappeln hin und her,
    zappeln hin und her,
    zappeln auf und nieder,
    das ist gar nicht schwer.

mit den Füßen zappeln

3. Alle meine Zehen
    zappeln hin und her,
    zappeln hin und her,
    zappeln auf und nieder,
    das ist gar nicht schwer.

Hände und Füße liegen still

4. Die Hände und die Füße,
    liegen nun ganz still,
    liegen nun ganz still,
    weil für heut' ein jeder,
    ein wenig schlafen will.

Im Wald in einem Zwergenhaus

Alter: *ab 4 Jahren*

Im Wald in einem Zwergenhaus
die Fingerspitzen der Hände zusammen legen und ein Dach bilden
da ruhen sich 10 Zwerge aus.
die Hände auf die Oberschenkel legen
Morgens wenn der Tag sie weckt
und ein jeder Zwerg sich reckt,
alle Finger bewegen
laufen sie und das macht Spaß
barfuß durch das feuchte Gras.
mit den Fingern hin und her laufen
Hin und her und rauf und runter,
schnell mit den Fingern hin und her und rauf und runter laufen
so macht sich jeder Zwerg ganz munter.
Recken, strecken schaut euch an,
die Finger bewusst recken und strecken
wie gut das jeder Zwerg so kann.
Jetzt gehen sie gemeinsam suchen,
mit den Fingern hin und her laufen
Beeren für den Sonntagskuchen.
Nun noch auf den Baum geschwind,
mit den Fingern auf den Kopf laufen
weil dort viele Äpfel sind.
So, nun laufen sie nach Haus,
mit den Fingern vom Kopf laufen
denn das schöne Spiel ist aus.
die Hände auf die Oberschenkel legen

Brumm, brumm, brumm

Alter: *ab 2 Jahren*

Hinweis: *Dieses Lied kann mit einem Brummkreisel begleitet werden.*

(Melodie: „Sum, sum, sum, Bienchen, sum herum", Text: Ingrid Biermann)

1. Brumm, brumm, brumm, mein Krei-sel fällt nicht um. Er

dreht sich leis', er dreht sich schnell, er dreht sich im-mer auf der Stell'.

Brumm, brumm, brumm, mein Krei-sel fällt nicht um.

das Kind dreht sich langsam im Kreis

1. Brumm, brumm, brumm,
mein Kreisel fällt nicht um.
Er dreht sich leis',
er dreht sich schnell,
er dreht sich immer auf der Stell'.
Brumm, brumm, brumm,
mein Kreisel fällt nicht um.

die Richtung wechseln

2. Brumm, brumm, brumm,
mein Kreisel fällt nicht um.
Er ist so herrlich anzuseh'n,
wenn sich die bunten Farben
dreh'n.
Brumm, brumm, brumm,
mein Kreisel fällt nicht um.

erst drehen und dann in die Hocke gehen.

3. Brumm, brumm, brumm,
mein Kreisel fällt nicht um.
Ganz langsam
kommt er nun zur Ruh',
ich schau dem Kreisel dabei zu.
Brumm, brumm, brumm,
mein Kreisel ist nun stumm.

Fünf Wichtel laufen in den Wald

Alter: *ab 4 Jahren*

Fünf Wichtel laufen in den Wald
    die Finger einer Hand zeigen
dort ist es warm und gar nicht kalt.

Der erste trägt heut' keine Mütze,
    Daumen zeigen
er springt vergnügt in jede Pfütze.

Der zweite hat Pantoffeln an,
    den Zeigefinger zeigen
mit denen er schnell laufen kann.

Dem dritten fällt das Laufen schwer,
    den Mittelfinger zeigen
er geht langsam heut' daher.

Der vierte hüpft auf einem Bein,
    den Ringfinger zeigen
das kann er jetzt schon ganz allein.

Der fünfte, ja der bleibt zu Haus,
    den kleinen Finger zeigen
darum ist das Spiel jetzt aus.

Am Abend krabbelt jeder Mann,
so schnell wir er jetzt noch kann,
alleine dann zurück nach Haus,
    die Hände hinter dem Rücken verschwinden lassen
denn ihr Spaziergang ist nun aus.

Tierisch gute Fingerspiele

Die meisten Kinder mögen Tiere und deshalb sind diese auch beliebte Protagonisten für viele Finger- und Körperspiele. Finger oder Füße, die sich in Tiere verwandeln und dann hüpfen, krabbeln, zappeln, tippeln oder kraulen, amüsieren alle Kinder und verwandeln jede Zeit in eine lustige Fingerspielzeit.

Ich bin der kleine Trampelbär

Alter: *ab 2,5 Jahren*

Ich bin der kleine Trampelbär,
das Trampeln fällt mit gar nicht schwer.
    den Daumen zeigen (anfassen)
Ich trample fest mit meinem Fuß,
weil ich immer trampeln muss.

Ich bin der kleine Zappelbär,
das Zappeln fällt mir gar nicht schwer.
    den Zeigefinger zeigen (anfassen)
Ich zapple gerne frisch und munter,
hin und her und rauf und runter.

Ich bin der kleine Krabbelbär,
das Krabbeln fällt mir gar nicht schwer.
    den Mittelfinger zeigen (anfassen)
Ich krabble immer schnell,
komme flink dann von der Stell'.

Ich bin der kleine Tanzbär,
das Tanzen fällt mir gar nicht schwer.
    den Ringfinger zeigen (anfassen)
Ich dreh' mich rundherum
und plötzlich fall' ich um.

Ich bin der kleine Kuschelbär,
das Kuscheln fällt mit gar nicht schwer.
    den kleinen Finger zeigen (anfassen)
Ich kuschle gern mit mir
und auch mit dir.

Hinter einer alten Mauer

Alter: *ab 2,5 Jahren*

Hinter einer alten Mauer
  die Hände nebeneinander legen und hoch halten
sitzen fünf Tiere auf der Lauer.
Zuerst kommt Wau, der große Hund,
  den Daumen anfassen
der ist dick und kugelrund.
Dann kommt Miez, die schlanke Katze,
  den Zeigefinger anfassen
sie leckt sich ihre weiche Tatze.
Jetzt kommt Gack, das faule Huhn,
  den Mittelfinger anfassen
das will heute nichts mehr tun.
Nun kommt Mäh, das weiße Schaf,
  den Ringfinger anfassen
das ist zahm und immer brav.
Zum Schluss traut Piep, die kleine Maus,
  den kleinen Finger anfassen
sich auch aus dem Versteck heraus.
Doch kommt am Abend dann der Bauer,
sind sie wieder hinter der Mauer.
  die Hände nebeneinander legen und hoch halten

Alle kleinen Fische

Alter: *ab 2 Jahren*

Melodie: *Alle meine Entchen (Noten Seite 27)*

Alle kleinen Fische schwimmen in dem See, schwimmen in dem See,
mit den Händen Schwimmbewegungen machen
doch kommt der Frosch gesprungen, dann sind sie fort, juchhe.
die Hände schnell hinter den Rücken führen

Alle kleinen Vögel fliegen hin und her, fliegen hin und her,
mit den Armen Flugbewegungen machen
doch kommt die schwarze Katze, dann sieht man sie nicht mehr.
die Hände hinter den Rücken führen

Alle kleinen Käfer krabbeln hier und dort, krabbeln hier und dort,
mit den Händen Krabbelbewegungen machen
doch kommt der große Vogel, dann sind sie alle fort.
die Hände hinter den Rücken führen

Alle kleinen Frösche hüpfen froh herum, hüpfen froh herum,
mit den Händen ein Froschmaul machen und dann mit einer Hand hüpfen
doch kommt der Storch ganz leise, kehr'n sie einfach um.
die Hände hinter den Rücken führen

Alle meine Finger zappeln auf und ab, zappeln auf und ab,
mit den Fingern zappeln
doch jetzt woll'n sie schlafen, denn sie sind ganz schlapp.
die Hände auf die Oberschenkel legen

Komm mit, ich zeige dir mal was

Alter: *ab 3 Jahren*

Komm mit, ich zeige dir mal was,
    eine auffordernde Geste mit den Armen machen
was du gleich siehst, macht ganz viel Spaß.
Ein kleines Loch hab' ich entdeckt,
    mit den Fingern einer Hand ein Loch formen
darin hat sich etwas versteckt.
Komm her, hier gibt's was zu entdecken,
    eine auffordernde Geste machen und in das Loch schauen
was wird sich dort denn wohl verstecken?
In einem Nest liegen sehr kleine,
    mit der linken Hand eine Schale machen
junge Mäuse ganz alleine.
    die Finger der anderen Hand in die Schale legen
Sie liegen alle dicht an dicht,
frieren können sie so nicht.
    die Finger ruhig in der Schale liegen lassen
Sie liegen still, doch plötzlich dann
fangen sie zu zappeln an.
    mit den Fingern in der Hand zappeln
Sie kribbeln, krabbeln auf der Stell',
    mit den Fingern etwas stärker in der Hand zappeln
auf einmal sind sie fort ganz schnell.
    die Finger auf den Rücken legen
Das Nest ist leer, kann nichts mehr seh'n,
    mit der einen Hand eine Schale machen
drum werd' ich jetzt nach Hause geh'n.
    mit den Handflächen auf den Oberschenkeln gehen

Ein Käfer

Ein Käfer krabbelt schau dir an,
was er so alles machen kann.
die Finger einer Hand bewegen
Er krabbelt schnell auf einen Baum
ganz, ganz hoch, du siehst ihn kaum.
über den Körper auf den Kopf krabbeln
Dort sitzt er still auf einem Blatt
und frisst sich dort so richtig satt.
die Finger auf dem Kopf leicht bewegen
Sein Bauch ist voll er krabbelt munter,
ganz schnell von dem Baum herunter.
vom Kopf krabbeln und in die Handinnenfläche der anderen Hand krabbeln
Legt sich ins Gras und macht sich klein
schläft dort zufrieden sofort ein.
die Krabbelhand ruhig in die Handfläche legen

In einem Nest aus weichem Stroh

Alter: *ab 2,5 Jahren*

Hinweis: *Es können weitere Strophen gesprochen und gespielt werden, in denen immer andere Tiere vom Floh gebissen werden, z. B. die Katze, die Maus, der Bär, der Löwe. Es werden immer die entsprechenden Geräusche gemacht.*

In einem Nest aus weichem Stroh
mit der Hand eine Schale bilden
sitzt ein winzig kleiner Floh.
die Spitze des Zeigefingers dort hineinlegen
Er hüpft leise und ganz still,
weil er jemanden beißen will.
mit dem Finger durch die Luft hüpfen
Er trifft den Hund, beißt ihn und dann
sanft sich selbst oder das Kind irgendwo mit dem Finger antippen
fängt dieser laut zu bellen an.
laut bellen
Er trifft dich, beißt dich und dann
sanft das Kind auf die Nase tippen
fängst du ganz wild zu zappeln an.
mit dem ganzen Körper zappeln
Der Floh springt fort, kommt nicht zurück,
mit dem Finger schnell auf den Rücken „hüpfen"
ja, das ist ein großes Glück.
Das Nest bleibt jetzt für immer leer,
der Floh, er kommt nie mehr hierher.

Eine kleine graue Katze

Alter: *ab 3 Jahren*

Eine kleine graue Katze,
die putzt mit ihrer Tatze
eine Hand zeigen
ihr wunderschönes Katzenkleid
mit der Hand den Körper streicheln
und ist dann zur Jagd bereit.
Sie schleicht ganz leise um das Haus
mit den Händen Schleichbewegungen machen
und sucht nach einer jungen Maus.
Auf ihren weichen Katzensohlen
will sie sich ihr Frühstück holen.
Sie schleicht sehr leise um die Ecken
und kann doch keine Maus entdecken.
Sie legt sich hin und ruht sich aus,
die Hände auf die Oberschenkel legen
plötzlich kommt aus ihrem Haus
eine Maus, die krabbelt schnell,
mit einer Hand über den Oberschenkel krabbeln
doch die Katze ist zur Stell'.
Sie packt und frisst die kleine Maus
mit der anderen Hand die Krabbelhand umfassen
und geht dann satt und ruhig nach Haus.
mit der Hand über den Oberschenkel streifen

Mausi, diese Krabbelmaus

Alter: *ab 3 Jahren*

Mausi, diese Krabbelmaus,
kommt aus ihrem Loch heraus.
> *mit Zeigefinger und Daumen einen Kreis bilden; den Zeigefinger*
> *der anderen Hand durch das Loch schieben*

Kommt zu mir (dir) ganz schnell – und dann
> *mit den Fingern einer Hand Krabbelbewegungen machen*

fängt sie flink zu krabbeln an.
Sie krabbelt schnell den Arm hinauf.
> *einen Arm hoch krabbeln*

setzt sich auf den Kopf nun drauf.
> *mit den Fingern auf den Kopf krabbeln*

Krabbelt dann auch auf den Bauch,
> *auf den Bauch krabbeln*

auf den Fuß krabbelt sie auch.
> *auf einen Fuß krabbeln*

Springt auf den andern Fuß – und dann
> *auf den anderen Fuß springen*

fängt sie dort auch zu krabbeln an.
> *mit den Fingern Krabbelbewegungen machen*

Sie krabbelt immer hin und her,
> *über den ganzen Körper krabbeln*

das Krabbeln, ja, das mag sie sehr.
Plötzlich kommt die große Katze,
setzt ganz leise ihre Tatze ...
> *langsam mit den Handflächen über den Körper gehen*

Mausi, die kriegt einen Schreck
und läuft weg.
> *mit einer Hand über den Körper krabbeln, dann die Hand*
> *hinter den Rücken führen*

Die kleine Katze ist zu Haus
und jetzt ist die Geschichte aus.

In meiner Hand, da sind zu Haus

Alter: *ab 4 Jahren*

In meiner Hand, da sind zu Haus
viele Tiere, die ruhen sich aus.
    die geballte Faust zeigen

Wir wollen sie gar nicht erschrecken,
ich werde sie behutsam wecken.
    mit der andern Hand über die geballte Hand streichen

Zuerst, da kommt der Hoppelhas',
er hüpft ganz schnell ins grüne Gras.
    langsam den Daumen strecken

Nun schau gut hin, es kommt die Katze,
die streichelt sich mit ihrer Tatze.
    langsam den Zeigefinger strecken

Der Hahn, er kräht, läuft ganz schnell fort,
er sucht sich einen ruhigen Ort.
    langsam den Mittelfinger strecken

Die Ente quakt, sie kannst du seh'n
schimpfend an dem Wasser steh'n.
    langsam den Ringfinger strecken

Die Maus, die kannst du auch entdecken,
sie will sich aber schnell verstecken.
    langsam den kleinen Finger strecken

Fünf Tiere wollen Freunde sein,

sie lassen sich niemals allein
    mit allen fünf Fingern zappeln

Am Abend gehen sie zur Ruh'
und machen dann die Augen zu.
    Hand zur Faust machen

Der Storch, der wohnt an einem See

Alter: *ab 2 Jahren*

Der Storch, der wohnt an einem See,
stolziert durchs Gras und durch den Klee.
  die Hände auf die Oberschenkel schlagen
Macht seinen Schnabel auf und zu,
  beide Hände aufeinander legen und sie auf- und zuschlagen
bleibt stehen und braucht etwas Ruh'.
  die Hände auf die Oberschenkel legen
Spaziert dann weiter geradeaus,
  die Hände auf die Oberschenkel schlagen
sieht Schmetterlinge fliegen
  mit den Armen Flugbewegungen machen
sieht Käfer, die im Grase liegen.
  Hände zur Faust ballen und auf die Oberschenkel legen
Er geht weiter, ja und dann
fängt er ganz laut zu klappern an.
  die Hände fest aufeinander schlagen
Der Storch, der geht nun müd' nach Haus
  die Hände auf die Oberschenkel schlagen
und nun ist die Geschichte aus.

Hopp, hopp, hopplahopp

Alter: *beliebig*

Spielanweisung: *Das Kind wird auf den Schoß gesetzt und im Refrain macht die Erzieherin mit ihren Beinen Auf- und Abbewegungen. Bei den Strophen sitzt das Kind still und hört zu.*

Refrain:
Hopp, hopp, hopplahopp,
vorwärts geht es im Galopp.
Hopp, hopp, hopplahopp,
und nun ruf ich: „Stopp."

Auf einem Pony weiß und schön,
kannst du mich nun sitzen seh'n,
mit dem Zügel in der Hand
reite ich nun durch das Land.

Refain: Hopp, hopp, hopplahopp …

Mit mir läuft es nun im Kreise,
dabei schnauft es ganz, ganz leise.
Mit den Zügeln in der Hand
reit ich mit durch das Land.

Refain: Hopp, hopp …

Das Pony trabt geradeaus,
dreht jetzt um, bringt mich nach Haus.
Mit den Zügeln in der Hand
reite ich mit ihm durch das Land.

Refain: Hopp, hopp …

Das Pony ist nun müde, schlapp,
darum steig' ich ganz schnell ab.
Das Pony ruht sich lange aus
und die Geschichte ist nun aus.

44

Ein kleiner, dicker, brauner Bär

Alter: *ab 2,5 Jahren*

Ein kleiner, dicker, brauner Bär,
der stampft heute laut und schwer
    mit den Händen auf die Oberschenkel schlagen
durch die dunkle, kalte Nacht,
der Hunger hat ihn wach gemacht.
Der Bär, der stampft nun ganz, ganz schnell,
    mit den Händen schnell auf die Oberschenkel schlagen
dreht sich auch mal auf der Stell'.
    mit den Händen auf den Oberschenkeln kreisen
Er stampft weiter, sucht sein Fressen,
    mit den Händen auf die Oberschenkel schlagen
die Müdigkeit hat er vergessen.
Er findet nichts in dunkler Nacht,
der Bär sich auf den Heimweg macht.
    mit den Händen auf die Oberschenkel schlagen
Er läuft ganz schnell zurück nach Haus,
    schnell auf die Oberschenkel schlagen
ruht sich bis zum Morgen aus.
    die Hände still auf die Oberschenkel legen
Er schließt die Augen, macht sich klein
und schläft auf der Stelle ein.

Der kleine Frosch mit Namen Quak

Alter: *ab 3 Jahren*

Der kleine Frosch mit Namen Quak
hüpft vergnügt so durch den Tag.
> *mit den Händen auf die Oberschenkel schlagen*

Er springt ganz schnell hin und her,
> *mit den Händen auf beliebige Körperteile schlagen*

denn das mag der Frosch so sehr.
Macht sein Maul weit auf und zu,
> *mit der Hand ein Froschmaul machen und die Finger weit*
> *auf und zu machen*

gönnt sich ab und zu auch Ruh'.
> *die Froschhand still halten*

Er hüpft dann weiter zu den Mücken,
> *mit den Händen auf die Oberschenkel schlagen*

sie wohnen unter großen Brücken.
Dort frist Quak die Mücken auf
> *die Froschhand auf und zu machen*

und hüpft dann den Berg hinauf.
> *mit den Händen bis auf den Kopf hüpfen*

Er sieht einen großen See
und springt hinein – juchhe
> *mit den Händen fest auf die Oberschenkel schlagen*

Hüpft dann schnell nach Haus
> *mit den Händen auf die Oberschenkel schlagen*

und ruht sich lange aus.
> *die Hände still auf die Oberschenkel legen*

Es war einmal ein Häschen

Alter: *ab 3 Jahren*

Es war einmal ein Häschen,
das war noch gar nicht alt.
> *die Hände an den Kopf halten*

Es war einmal ein Häschen,
das kam schnell aus dem Wald.
> *mit den Händen auf die Oberschenkel schlagen*

Da kam der Fuchs geschlichen,
> *mit den Händen langsam über die Oberschenkel streichen*

der fraß das Häschen – happ.
> *mit den Händen bei dem Wort „happ" auf die Oberschenkel schlagen*

Der Fuchs, der lief nach Hause,
> *mit den Händen auf die Oberschenkel schlagen*

war müde und ganz schlapp.
> *den Kopf auf die Hände legen*

Aufbaustrophe

Es war einmal ein Häschen,
das war sehr jung, doch schlau.
> *mit der linken Hand wieder wie oben ein Häschen machen*

Es spitzte seine Ohren
> *diese Hand stillhalten, Zeige- und kleinen Finger strecken*

und lauschte ganz genau.
Da kam der Fuchs geschlichen,
> *mit der rechten Hand wie oben einen Fuchs machen*

das Häschen, das lief fort,
> *die linke Hand schnell hinter den Rücken nehmen*

der Fuchs ging ohne Fressen
> *die Fuchshand hinter den Rücken nehmen*

von diesem stillen Ort.

Rund um den Körper

Schon zu allen Zeiten gab es Spiele, mit denen ein Kind die Namen der einzelnen Körperteile und das Wissen um deren Funktionen spielend erlernen konnte. Denken Sie an das bekannte Fingerspiellied "Alle meinen Fingerlein". Spielerisch etwas über die Funktion seiner Körperteile zu erfahren, das macht nicht nur Spaß, sondern es fordert zum aktiven Mitmachen auf.

Damit Sie, liebe Erzieherin, das Kind bei der Entdeckungsreise unterstützen können, finden Sie in diesem Kapitel zahlreiche Spiele, mit denen diese Reise viel Spaß macht.

Der Pinsel will spazieren gehn

Alter: *beliebig*

Hinweis: *Ein Rasier- oder Kosmetikpinsel wird dem Text entsprechend über den Körper geführt. Dieses kleine Spiel kann auch gut nach dem Bad, vor dem Einschlafen oder aber einfach zwischendurch gespielt werden.*

Der Pinsel will spazieren geh'n
    Pinsel zeigen
auf deinem Körper, das ist schön.
Er kommt zu dir, sagt „Guten Tag",
    Handinnenfläche sanft berühren
weil er dich so sehr gerne mag.
    im folgenden Teil werden die Körperteile entsprechend
    dem Text mit dem Pinsel sanft berührt
Begrüßt die Nase, Stirn und Finger,
diese klitzekleinen Dinger.
Begrüßt die Beine, Sohlen, Zehen,
dort will er heut' ganz langsam gehen.
Über deinen runden Bauch
geht der kleine Pinsel auch.
Arme, Hals und auch den Rücken,
will der Pinsel heut' beglücken.
Dem Mund sagt er „Auf Wiederseh'n",
denn er muss nun langsam geh'n.
    den Pinsel noch einmal langsam über
    den ganzen Köper führen

Wipp und wapp

Alter: *ab 3 Jahren*

Hinweis: *Bei jüngeren Kindern wird der Fuß von der Erzieherin bewegt.*

Wipp und wapp, wipp und wapp,
einen Fuß auf und ab bewegen
der Fuß, er wippt nun auf und ab.
Wipp und wapp, wipp und wapp,
den anderen Fuß auf und ab bewegen
der Fuß, er wippt nun auf und ab.
Wipp und wapp, wipp und wapp,
beide Füße auf und ab bewegen
zwei Füße wippen auf und ab.
Wipp und wapp, wipp und wapp,
doch jetzt sind beide ganz schön schlapp.
Sie liegen still und wollen ruh'n,
Füße stillstehen lassen
sie wollen heute nichts mehr tun.

Variation 1:
... die Hand, die wippt jetzt auf und ab ...

Variation 2:
Das Kind sitzt auf dem Fuß des Erwachsenen und wird an den Händen gehalten.
Folgender Text wird gesprochen:
Wipp und wapp, wipp und wapp
die Klara (Name des Kindes einfügen) wippt nun auf und ab.

Die fünf Gespenster Klitzeklein

Alter: *ab 4 Jahren*

Die fünf Gespenster Klitzeklein
  die Finger einer Hand zeigen
sind hier und da und dort.
  die Hand hin und her bewegen
Plötzlich schauen sie sich um,
und ein Gespenst ist fort.
  den Daumen einknicken

Die vier Gespenster Klitzeklein
woll'n in den Keller geh'n,
  vier Finger zeigen
doch als sie endlich unten sind,
ist eins nicht mehr zu seh'n.
  den Zeigefinger einknicken und mit der
  anderen Hand festhalten

Die drei Gespenster Klitzeklein,
die kriegen einen Schreck,
  drei Finger zeigen
doch als sie sind in Sicherheit
ist ein Gespenst dann weg.
  den Mittelfinger einknicken und mit der
  anderen Hand festhalten

Die zwei Gespenster Klitzeklein,
die schlafen hier nun ein,
  zwei Finger zeigen
doch als sie wieder aufgewacht,
ist ein Gespenst allein.
  den Ringfinger einknicken und mit der
  anderen Hand festhalten

Alleine kennt sich Klitzeklein
hier gar nicht gut aus,
den kleinen Finger zeigen
und weil es sich so einsam fühlt,
geht es jetzt nach Haus.

Dort trifft es viele Klitzeklein,
freut sich und ruft „Hurra".
alle fünf Finger zeigen

schnell nehmen sie sich in den Arm,
sind alle wieder da.
Finger bewegen und zur Faust ballen

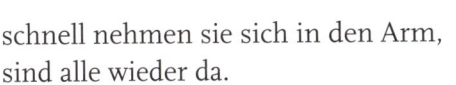

Mit seinem Körper beschäftigt sich das Kind von seinem ersten Lebenstag an und Schritt für Schritt wird Unbekanntes bekannt und vertraut. Langsam entdeckt es die vielfältigen Bewegungsmöglichkeiten seiner Finger und seines Körpers. Es dreht sich, krabbelt, zappelt und freut sich über seine eigenen Bewegungen. Es spürt seinen Körper, erlebt ihn in der Ruhe und in der Bewegung – und so ganz nebenbei erfährt es, dass jeder Körperteil, so wie alles in der Welt, einen eigenen Namen hat. Ist ihm sein Körper vertraut und ist es in seinem Körper angekommen, so kann es, wenn es älter ist, mühelos Hürden überwinden und angstfrei seinem Körper etwas zutrauen.

Mein Zeigefinger eilt herbei

Alter: *ab 3,5 Jahren*

Material: *Pappe, pro Kind 2 Margarineschalen, Fingerfarben, Tesakrepp*

Spielanweisung: *Jedes Kind bekommt einen Bogen Pappe, der auf dem Tisch, an der Wand oder auf dem Boden festgeklebt wird. Zusätzlich bekommt jedes Kind zwei Margarineschalen, die mit Fingerfarben gefüllt sind. Nun kann es während des Fingerspiels mit dem Zeigefinger abwechselnd in die Farben tauchen und die Pappe bemalen.*

Hinweis: *Sollte es den Kindern schwer fallen, mit einem Finger zu malen, dann wird die Hand genommen. Der Text wird entsprechend verändert.*

Mein Zeigefinger eilt herbei
zur kunterbunten Malerei.
Ja, ein bisschen Spaß muss sein,
der Zeigefinger, der malt fein.

Bunte Punkte, schau mal her,
die zu malen ist nicht schwer
Ja, ein bisschen Spaß muss sein,
der Zeigefinger, der malt fein.

Immer wieder kreuz und quer
und dann wieder hin und her.
Ja, ein bisschen Spaß muss sein,
der Zeigefinger, der malt fein.

Weiter geht es rauf und runter,
mein Finger, der ist ganz schön munter.
Ja, ein bisschen Spaß muss sein,
der Zeigefinger, der malt fein.

Das Bild, ja, das ist wunderschön,
mein Finger muss nun leider geh'n.
Ein bisschen Spaß, das musste sein,
bald lade ich dich wieder ein.

Variation 1:

Der Körper des Kindes wird mit hautverträglicher Fingerfarbe dem Text entsprechend bunt bemalt.

Variation 2:

Statt Farben kann auch Körpercreme genommen werden, die anschließend in den Körper einmassiert wird.

Ich bin ein kleiner Klatschemann

Alter: *ab 2 Jahren*

(Melodie: „Ich bin ein kleiner Hampelmann", Text: Ingrid Biermann)

1. Ich bin ein kleiner Klatschemann,
   fang' nun ganz laut zu klatschen an,
   mal hier, klatsch, klatsch,
   Hände über den Kopf halten und klatschen
   mal da, klatsch, klatsch,
   Hände vor den Körper halten und klatschen
   mal hier, klatsch, klatsch,
   Hände wieder über den Kopf halten
   mal da, klatsch, klatsch,
   Hände wieder vor den Körper halten
   und plötzlich macht es patsch!
   mit den Händen auf die Oberschenkel schlagen

2. Ich bin ein kleiner Trampelmann,
   fang' nun ganz laut zu trampeln an,
   mal hier, bum, bum,
   auf der Stelle trampeln
   mal da, bum, bum,
   etwas seitlich drehen und trampeln
   mal hier, bum, bum,
   wieder etwas drehen und trampeln
   mal da, bum, bum,
   wieder etwas drehen und trampeln
   und plötzlich fall' ich um.
   langsam auf den Boden fallen lassen

Weitere Strophen:
Ich bin ein kleiner Hüpfemann ...
Ich bin ein kleiner Krabbelmann ...
   Der Text wird jeweils nur ein wenig verändert

Ich stampfe mit den Füßen

Alter: *ab 2 Jahren*

Hinweis: *Das Spiel kann mit den Fäusten auf dem Tisch gespielt werden.*

> *Der Text wird sehr langsam gesprochen, damit das Kind die Bewegungen mitmachen kann*

Ich stampfe mit den Füßen,
ich laufe auf der Stell',
ich klettre wie ein Affe
ganz langsam und nicht schnell.

> *Der Text wird etwas schneller gesprochen und auch die Bewegungen sind etwas schneller*

Ich stampfe mit den Füßen
ich laufe auf der Stell',
ich klettre wie ein Affe,
das mach' ich jetzt ganz schnell.

> *Die Bewegungen dem Text entsprechend durchführen*

Nun bin ich ganz schön müde,
> *gähnen*

stampf langsam und nicht schnell,
ich gehe nun nach Hause,
weil ich jetzt ruhen will.
> *sich auf den Boden legen*

Zeigt her eure Füße

Alte: *ab 2 Jahren*

Hinweis: *Der Text muss langsam gesungen werden, damit die Kinder alle Bewegungen mitmachen können.*

(Melodie: „Zeigt her eure Füße", Text: Ingrid Biermann)

Refrain: Zeigt her eu-re Fü-ße und schaut euch mal an, was man mit den Fü-ßen so al-les ma-chen kann!

1. Ich sprin-ge, ich sprin-ge, ich sprin-ge im-mer-zu.
Ich sprin-ge, ich sprin-ge, und jetzt gönn' ich mir Ruh'.

Refrain:
Zeigt her eure Füße und schaut euch mal an,
was man mit den Füßen so alles machen kann

1. Ich springe, ich springe, ich springe immerzu.
   Ich springe, ich springe und jetzt gönn' ich mir Ruh'.
        in die Hocke gehen

Weiter Strophen für den wechselnden Text
2. Ich laufe, ich laufe, ich laufe immerzu.
   Ich laufe, ich laufe und jetzt gönn' ich mir Ruh'.
3. Ich wippe …
        auf dem Fuß vor- und zurückwippen
4. Ich drehe …
        sich auf den Boden setzen und beide Füße in der Luft drehen
5. Ich stampfe …
        auf den Boden stampfen

Ene, mene, Mücke

Alter: *ab 2 Jahren*

Ene, mene, Mücke,
ich lauf' über 'ne Brücke.
mit den Händen auf die Oberschenkel schlagen

Ene, mene, Stein,
das kann ich ganz allein
weiter schlagen

Ene, mene, Moos,
denn ich bin schon ganz groß.
weiter schlagen

Ene, mene, Maus,
jetzt ruhe ich mich aus.
die Hände ruhig auf die Oberschenkel legen

Variation:
Der Text wird langsam und auch schnell gesprochen.
Dementsprechend sind die Schlagbewegungen.

Wollt ihr wissen

Alter: *ab 2 Jahren*

Hinweis: *Melodie wird langsam gesungen, damit jedes Kind alle Bewegungen mitmachen kann.*

(Melodie: „Wollt ihr wissen", Text: Ingrid Biermann)

Refrain: Wollt ihr wis-sen, wollt ihr wis-sen, was die

Hän-de al-les kön-nen? 1. Ja, sie klat-schen, ja, sie

klat-schen, ja, und dann sind sie still.

Refrain
Wollt ihr wissen, wollt ihr wissen,
was die Hände alles können?

1. Ja, sie klatschen, ja sie klatschen,
   ja, und dann sind sie still.
      die Hände liegen auf den Oberschenkeln

Weitere Strophen für den wechselnden Text
2. Ja, sie tippen, ja, sie tippen
   ja, und dann sind sie still.
      die Finger liegen auf den Oberschenkeln

3. Ja, sie reiben ...

4. Ja, sie krabbeln ...

Ich klatsche in die Hände

Alter: *ab 2 Jahren*

Spielanweisung: *Die Bewegungen werden entsprechend dem Text durchgeführt. Die ersten beiden Strophen können beliebig oft wiederholt werden. Möchte die Erzieherin das Spiel beenden, so wird die letzte Strophe gesprochen.*

Ich klatsche in die Hände,
ich wackle mit dem Bauch,
ich stampfe mit den Füßen,
mein Kopf, der wackelt auch.

Ich tippe mit dem Finger
meine Nase an.
Ich hüpfe nun im Kreise
und fang' noch einmal an.

Doch jetzt, da mach' ich Pause
und leg' mich einfach hin,
weil ich vom vielen Zappeln
jetzt sehr müde bin.

Variation:
Der Vers wird laut und leise, hoch und tief, schnell und langsam gesprochen und gespielt.

Ich kann mit meinen Füßen gehen

Alter: *ab 1,5 Jahren*

Ich kann mit meinen Füßen gehen,
    gehen
ich kann auf ihnen ganz still stehen,
    stehen bleiben
ich kann auch mit ihnen laufen,
    schnell laufen
vorwärts, rückwärts, muss nicht schnaufen.
    vorwärts und rückwärts laufen
Mach' mit ihnen Riesenschritte
    große Schritte machen
und lauf' trippelnd in die Mitte.
    Trippelschritte machen
Ich lauf' nun ganz schnell nach Haus,
    schnell laufen
ruh' mich dort vom Laufen aus.
    in die Hocke gehen

Variation 1:

Alter: *ab 3 Jahren*

Ich kann auch auf den Zehen gehen,
  auf Zehenspitzen gehen
ich kann mich so auch ganz schnell drehen.
  auf Zehenspitzen drehen
Ich kann so auch auf ihnen laufen,
  auf Zehenspitzen laufen
vorwärts, rückwärts, muss nicht schnaufen.
  auf Zehenspitzen vorwärts und rückwärts gehen
Mach' auf den Zehen Riesenschritte,
  auf Zehenspitzen große Schritte machen
und tripple so auch in die Mitte.
  auf Zehenspitzen in die Mitte trippeln
Ich tripple so ganz schnell nach Haus
  schnell trippeln
und ruh' mich dort vom Trippeln aus.
  in die Hocke gehen

Variation 2:
Auf allen vieren gehen, auf der Ferse gehen, auf den Außenkanten gehen. Dabei sind leichte Textänderungen vorzunehmen.

Mit Fingerspielen durch die Jahreszeiten

Kinder sind sehr offen für Veränderungen in der Natur, die durch den Wechsel der Jahreszeiten entstehen. Gerade die Kleinen bewegen sich viel auf dem Boden und somit sehen und spüren sie viel intensiver als manch ein Erwachsener. Im folgenden Kapitel finden Sie, liebe Erzieherin, einige Anregungen wie Fingerspiele, Mitmachverse, Spielgeschichten und rhythmische Impulse. Sie helfen den Kindern, die ersten naturwissenschaftlichen Erfahrungen zu machen und die Besonderheiten der einzelnen Jahreszeiten spielerisch kennen zu lernen. Diese spielerischen Impulse benötigen wenig Aufwand und erweitern das Erfahrungsfeld des Kindes in jedem Alter.

Frühlingsimpulse

Der Frühling ist da. Die Kinder entdecken kleine Tiere, denen sie beim krabbeln auf der Wiese zuschauen. Sie genießen die warmen Sonnenstrahlen und freuen sich, dass sie nun wieder sehr viel Zeit draußen verbringen können.

Im warmen Frühlingssonnenschein

Alter: *ab 2 Jahren*

Im warmen Frühlingssonnenschein
> *mit den Händen eine Sonne zeigen*

krabbelt ein Käfer ganz allein.
> *mit den Fingern Krabbelbewegungen machen*

Er krabbelt hin und krabbelt her,
im Frühlingsgras gefällt's ihm sehr.
> *mit den Fingern hin und her krabbeln*

Er krabbelt langsam und mal schnell,
bleibt auch mal stehen auf der Stell'.
> *mit den Fingern dem Text entsprechend krabbeln*

Er krabbelt froh und munter
den Grashalm rauf und runter.
> *mit den Fingern hoch und runter krabbeln*

Der Wind, er nimmt den Käfer fort,
> *pusten*

der fliegt an einen andren Ort.
> *mit den Fingern auf Rücken krabbeln*

Fingerkrabbelei

Alter: *ab 4 Jahren*

In dem warmen Sonnenschein
spaziere ich heut' ganz allein
> *mit den Fingern über den Körper krabbeln*
über Stock und über Stein
in die schöne Welt hinein.

Ich laufe nun grade aus,
> *mit Fingern dem Text entsprechend krabbeln*
hier kenne ich mich sehr gut aus.
Nun mach' ich ganz ohne Hast,
hier und da ein wenig Rast.
> *die Hände still liegen lassen*

Plötzlich will ich wieder krabbeln,
> *mit den Fingern krabbeln*
hier und da ein wenig zappeln,
> *mit den Fingern weiter über den Körper krabbeln*
über Stock und über Stein
in die weite Welt hinein.

Ich krabble langsam und mal schnell,
bleibt auch mal stehen auf der Stell'.
> *mit den Fingern dem Text entsprechend krabbeln*
Jetzt bin ich müd', ich will nach Haus,
> *mit den Fingern vom Körper krabbeln und*
> *die Hände auf den Rücken legen.*
und die Geschichte, die ist aus.

Auf der Wiese sitzt ein Hase

Alter: *ab 3 Jahren*

Auf der Wiese sitzt ein Hase,
die Hände an den Kopf halten
reibt sich seine kleine Nase.
sich die Nase reiben
Hat tief geschlafen manche Nacht,
den Kopf auf die Hände legen
wie das ein Hase gerne macht.
Die Frühlingssonne wärmt sein Fell,
mit den Händen über die eigenen Arme streichen
der Hase spürt die Sonne schnell.
Er freut sich auf die warme Zeit
und hüpft jetzt schnell und ganz, ganz weit
mit den Händen auf die Oberschenkel schlagen
in die Frühlingswelt hinaus
und kommt am Abend erst nach Haus.
Er ist müd' und schläft schnell ein
den Kopf auf die Hände legen
und träumt vom Frühlingssonnenschein.

Der kleine Wurm

Alter: *ab 5 Jahren*

Material: *für jedes Kind einen Wollfaden*

Hinweis: *Der Wollfaden symbolisiert den Wurm. Dieser wird in der geballten Hand so versteckt, dass ein Ende aus einer kleine Öffnung zwischen Zeigefinger und Daumen herausgezogen werden kann.*

Die Frühlingswiese hat heut' Nacht
mir und dir was mitgebracht.
> *auf sich und auf ein anderes Kind zeigen*

Schau, aus der Erde schiebt sich sacht
> *aus der Hand einen Faden ziehen*

ein Regenwurm, was er wohl macht?
> *den Faden hochhalten*

Langsam kriecht er nun voran,
weil er nicht schneller kriechen kann.
> *langsam den Faden über den Körper ziehen*

Er kriecht durch das weiche Gras,
das macht ihm heute sehr viel Spaß.
> *Faden weiter ziehen*

Nun kriecht er langsam geradeaus,
er kennt sich auf der Wiese aus.
> *Faden weiter ziehen*

Kriecht in die Hand
> *den Faden wieder in der Handfläche legen*

und liegt ganz still,
> *den Faden ruhig liegen lassen*

weil er jetzt lange ruhen will.
Der Wurm macht seine Augen zu
und gönnt sich lange Zeit nun Ruh'.
> *Hand zur Faust machen*

Ich klatsche vor Freude

Alter: *ab 2 Jahren*

Ich klatsche vor Freude,
> *in die Hände klatschen*

ich springe vor Glück,
> *springen*

endlich ist der Frühling zurück.
Ich sehe die Vögel, sie fliegen geschwind
> *Arme ausbreiten und auf und ab bewegen*

durch den warmen Frühlingswind.
Ich freue mich und schau in Ruh'
> *die Arme weiter bewegen*

den Vögeln heut' beim Fliegen zu.

Ich beuge mich bis zu den Füßen

Alter: *ab 2 Jahren*

Ich beuge mich bis zu den Füßen,
> *sich tief beugen*

um den Frühling zu begrüßen.
Ich beuge mich bis zu den Füßen,
> *sich tief beugen*

um die Sonne zu begrüßen.
Ich beuge mich bis zu den Füßen,
> *sich tief beugen*

um die Tiere zu begrüßen.
Ich beuge mich und fange dann
> *sich tief beugen*

vor Freude nun zu klatschen an.
> *klatschen*

Tief in der Erde liegt ganz still

Alter: *ab 3 Jahren*

Tief in der Erde liegt ganz still
der Samen, weil er ruhen will.
> *die Finger der einen Hand decken die Finger der
> anderen Hand zu*

Die Frühlingssonne ist zur Stell'
und weckt den Samen ganz, ganz schnell.
Frisches Gras wächst hier am Ort,
die Sonne schmilzt den Schnee ganz fort.
> *die zudeckende Hand wegnehmen und langsam die
> linke Hand öffnen und die Finger strecken*

Der Frühlingswind bewegt das Gras,
> *die aufrechten Finger der Hand zappeln leicht hin und her*

das zu sehen macht viel Spaß.
Am Abend steht das Gras ganz still,
> *die gestreckten Finger still halten*

weil es lange ruhen will.

Der Frühling, der steht vor der Tür

Alter: *ab 2 Jahren*

Der Frühling, der steht vor der Tür,
er klopft an und will zu mir.
> *auf den Tisch oder Stuhl klopfen und auf sich selbst zeigen*

Er bringt Blumen bunt und schön,
die sich im Frühlingswind leicht dreh'n
> *die Hände hin und her drehen.*

Er bringt die Vögel auch zurück
> *Arme ausbreiten und auf und ab bewegen*

– welch ein Glück.
Der Frühling, der steht vor der Tür,
er klopft an und will zu dir.
> *auf einen Tisch oder Stuhl klopfen und dann auf ein Kind zeigen*

Sommerimpulse

Fingerspiele, in denen die Kinder etwas über den Sommer erfahren, machen besonders dann Freude, wenn sie auf der Sommerwiese erlebt werden. So können die Kinder direkt im Anschluss an das Fingerspiel mit Wasser planschen, barfuß laufen oder im Sand spielen.

Im warmen Sommersonnenschein

Alter: *ab 2 Jahren*

Im warmen Sommersonnenschein
laufen die Käfer ganz allein
    mit den Fingern über den Körper oder durch die Luft laufen
hin und her, hin und her,
sie mögen diesen Sommer sehr.
Nun sind sie müd', laufen nach Haus,
ruhen sich dort lange aus.
    die Hände auf den Rücken legen

Variation:
Die Käfer werden durch andere Tiere ersetzt.

Ach, was ist das für 'ne Hitze

Alter: *ab 2 Jahren*

Ach, was ist das für 'ne Hitze,
wie ich heute wieder schwitze!
 Hand über die Stirn ziehen
Heiß sind Arme, Beine, Bauch,
 Hand auf die jeweiligen Körperteile legen
ganz heiß, so ist mein Rücken auch.
 Hand auf den Rücken legen
Ganz, ganz heiß ist mein Gesicht,
 Hände auf die Wangen legen
nein, spielen kann ich heute nicht!
Ich geh' ins Haus und ruh' mich aus,
 den Kopf auf die Hände legen
erst morgen komm ich wieder raus.

Sonne, Sonne, komm heraus

Alter: *ab 2 Jahren*

Sonne, Sonne, komm heraus,
 Winkbewegungen mit den Händen machen
komm aus deinem Wolkenhaus,
wärme mich von Kopf bis Fuß
 auf den Kopf und auf die Füße zeigen
als Dank schenk' ich dir einen Kuss.
 einen Handkuss wegblasen

Vom Himmel fallen Sonnenstrahlen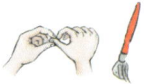

Alter: *ab 3 Jahren*

Vom Himmel fallen Sonnenstrahlen,
> *mit den Fingern zappeln*
die auf meinen (deinen) Körper malen
Sie malen wunderschöne Kreise,
> *mit dem Zeigefinger Kreise auf den Bauch malen*
sie malen langsam und ganz leise.
Überall können die Strahlen
wunderschöne Kreise malen.
> *auf dem ganzen Körper Kreise malen*
Die Sonnenstrahlen zieh'n nach Haus
und ruhen sich dort lange aus.
> *den Zeigefinger langsam vom Körper ziehen und auf den Rücken legen*

Variation:
Die Kreise werden ersetzt durch Striche oder Punkte

Das Gewitter

Alter: *ab 2,5 Jahren*

Hinweis: *Alle Bewegungen werden auf einem Tisch gemacht.*

Heute morgen um halb acht
da bin ich plötzlich aufgewacht.
Lautes Donnern und auch Krachen
> *mit den Fäusten auf den Tisch pochen und mit den*
> *Handflächen auf den Tisch schlagen*

ließen mich ganz früh erwachen.
Es knallte hier und knallte dort,
> *mit den Handflächen auf den Tisch schlagen*

es donnerte in einem fort.
> *mit den Fäusten auf den Tisch schlagen*

Ich hörte tausend Regentropfen
ganz laut an mein Fenster klopfen.
> *mit den Fingerspitzen auf den Tisch pochen*

Regen, Donner, lautes Krachen
> *mit den Fingerspitzen auf den Tisch klopfen, mit den Fäusten pochen,*
> *mit den Handflächen schlagen*

wollten mich ganz ängstlich machen.
Doch ich deckte mich schnell zu
> *pantomimisch die Decke von unten bis zum Kopf hochziehen*

und legte mich noch mal zur Ruh'!
> *Kopf auf die zusammengelegten Hände legen und Augen schließen*

Es ist Sommer, es ist heiß

Alter: *ab 2,5 Jahren*

Es ist Sommer, es ist heiß,
von meinem Körper läuft der Schweiß.
    mit einer Hand über die Stirn fahren
Plötzlich ziehen dick und schwer
    mit den Händen eine große Wolke zeigen
große Wolken leis' daher.
Regentropfen welch Gewimmel
fallen leis' vom Sommerhimmel.
    mit den Fingern auf und nieder zappeln
Nass sind Haare, Beine, Bauch,
nass sind meine Schuhe auch.
    die genannten Dinge zeigen
Der Regen macht heut' keine Pause,
    schnelle Bewegungen mit den Fingern von oben nach unten machen
ich bin nass, ich geh' nach Hause.
    mit den Händen auf die Oberschenkel schlagen

Herbstimpulse

Die Kinder genießen den Regen, der durch ihre Finger gleitet und sie spielen mit den Blättern, die sie im Herbst auf den Wegen finden. Der Wind pustet und die Drachen können in die Luft steigen...

Langsam, leise und ganz munter

Alter: *ab 3,5 Jahren*

> *während der Strophe die Hände und Finger langsam von oben bis auf den Boden bewegen*

Langsam, leise und ganz munter
purzeln von dem Baum herunter
bunte Blätter auf das Gras,
das zu sehen macht viel Spaß.

> *während der Strophe etwas schneller die Hand- und Fingerbewegungen durchführen*

Schneller, leise und ganz munter
purzeln von dem Baum herunter
bunte Blätter auf das Gras,
das zu sehen macht viel Spaß.

> *während der Strophe die Hand- und Fingerbewegungen wieder langsam bewegen*

Langsam, leise und ganz munter,
purzeln sie vom Baum herunter,
liegen still, für heut' ist Schluss,
> *die Hände auf die Oberschenkel legen*

weil jedes Blatt nun ruhen muss.

Hurra, es hat geregnet

Alter: *ab 2 Jahren*

Hurra, es hat geregnet,
mit den Fingern zappeln
schon laufe ich hinaus
mit den Händen über die Oberschenkel laufen
und springe in die Pfütze,
einmal fest auf die Oberschenkel schlagen
die ist vor unserm Haus.

Ich hüpfe und springe,
ich renne hin und her,
ich stampfe durch die Pfütze,
den Text auf den Oberschenkeln hörbar machen
ja, das mag ich sehr.

Es regnet wieder mächtig,
mit den Fingern zappeln
die Pfützen werden groß,
mit den Händen einen großen Kreis in die Luft malen
ich bleib' im Regen stehen,
die Hände bleiben still stehen
pitschnass wird meine Hos'.
mit den Händen an die Hosenbeine schlagen

Doch jetzt lauf' ich nach Hause,
mit den Händen auf die Oberschenkel schlagen
bin nass von Kopf bis Fuß,
auf Kopf und Füße zeigen
ich rubble meinen Körper,
mit den Händen den Körper rubbeln
weil ich mich trocknen muss.

Mein Drachen, der fliegt ganz alleine

Alter: *ab 4 Jahren*

Mein Drachen, der fliegt hin und her,
　die Hände über den Kopf halten und leicht
　hin und her bewegen
an der langen Leine,
　die Bewegung weiter machen
er fliegt in den Sonnenschein
　die Bewegung weiter machen
ganz hoch und ganz alleine.

Der Wind, er zieht ihn hin und her,
　Hände über den Kopf halten und etwas
　schneller hin und her bewegen
ich halte fest die Leine,
　die Bewegung weiter machen
der Drachen fliegt so hoch er kann,
　die Hände ganz hoch halten und sich
　auf die Zehen stellen
immer noch alleine.

Doch plötzlich ist der Wind ganz stark,
　Hände über den Kopf halten und schnell hin und her bewegen
es knackt die lange Leine,
　in die Hände klatschen
der Drachen fliegt ins weite Land
　die Hand vor die Stirn halten und schauen
weit fort und ganz alleine.

Ein kalter Wind weht übers Land

Alter: *ab 4 Jahren*

die Szenen der Strophe mit der rechten Hand spielen
Ein kalter Wind weht über's Land
    pusten
und nimmt ein Blatt in seine Hand.
    eine Hand hin und her bewegen
Er pustet dieses auf und nieder,
    pusten und die Hand auf und nieder bewegen
der Wind, er pustet immer wieder.
    pusten und weiter die Hand bewegen
Der Wind ist fort, das Blatt fällt ab,
    die Hand langsam in Richtung Oberschenkel bewegen
liegt auf der Wiese müd' und schlapp.
    die Hand auf den Oberschenkel legen

die Szenen der Strophe mit der linken Hand spielen
Ein kalter Wind weht übers Land
    pusten
und nimmt ein Blatt in seine Hand.
    die andere Hand nehmen und hin und her bewegen
Er pustet dieses auf und nieder,
    pusten und weiter die Hand bewegen
der Wind, er pustet immer wieder.
    pusten und weiter die Hand bewegen
Der Wind ist fort, das Blatt fällt ab,
    die Hand langsam in Richtung Oberschenkel bewegen
liegt auf der Wiese müd' und schlapp.
    die Hand langsam auf den Oberschenkel legen

die Szene der Strophe mit beiden Händen spielen
Ein kalter Wind weht übers Land,
pusten
nimmt viele Blätter in die Hand.
beide Hände hin und her bewegen
Er pustet diese auf und nieder,
pusten und beide Hände auf und nieder bewegen
der Wind, er pustet immer wieder.
pusten und die Hände auf und nieder bewegen
Der Wind ist fort, es fallen ab
die Hände langsam in Richtung Oberschenkel legen
die Blätter, die sind müd' und schlapp.
beide Hände langsam auf die Oberschenkel legen

Schau, viele Vögel sind am Himmel

Alter: *ab 2 Jahren*

Schau, viele Vögel sind am Himmel,
den Blick nach oben richten
welch ein herrliches Gewimmel.
Sie fliegen hin und fliegen her,
die Hände und Finger hin und her bewegen
plötzlich sieht man sie nicht mehr.
die Hände auf den Rücken legen

Der Herbstwind pustet, es wird kalt,
pusten
die Vögel sitzen in dem Wald.
Hände noch auf dem Rücken lassen
Sie suchen einen warmen Ort
die Hände und Finger hin und her bewegen
und fliegen nun für lange fort.
die Hände auf den Rücken legen

Der Herbstwind pustet

Alter: *ab 2 Jahren*

Der Herbstwind pustet, es wird kalt,
    pusten
die Käfer krabbeln in den Wald.
    mit den Fingern krabbeln
Sie krabbeln schnell und ganz geschwind,
    schnelle Krabbelbewegungen machen
sie suchen Schutz hier vor dem Wind.
    die Hände hinter den Rücken legen

Der Herbstwind pustet, es wird kalt,
    pusten
die Hasen hüpfen in den Wald.
    mit den Händen auf die Oberschenkel schlagen
Sie hüpfen schnell und ganz geschwind,
    schneller schlagen
sie suchen Schutz hier vor dem Wind.
    die Hände hinter den Rücken legen

Der Herbstwind pustet, es wird kalt,
    pusten
die Vögel fliegen in den Wald.
    beide Arme seitlich ausstrecken und Flugbewegungen machen
Sie fliegen schnell und ganz geschwind,
    die Arme schneller bewegen
sie suchen Schutz hier vor dem Wind.
    schnell hinter den Rücken hüpfen

Der Herbstwind pustet, es wird kalt,
    pusten
ich laufe ganz schnell in den Wald.
    auf die Oberschenkel schlagen
Ich laufe schnell und ganz geschwind,
    schnell auf die Oberschenkel schlagen
ich suche Schutz hier vor dem Wind.
    schnell die Hände auf den Rücken legen

Winterimpulse

Durch Winterfingerspiele erfahren die Kinder einiges über Eis und Schnee. Mit ihren Fingern spielen sie kleine Wintergeschichten nach und freuen sich über diese Jahreszeit. Natürlich machen auch die Winterfingerspiele viel mehr Spaß, wenn anschließend im Schnee gespielt werden kann. So kann der Fingerspieltext hautnah nacherlebt werden.

Hurra, hurra, es schneit, es schneit

Alter: *ab 2 Jahren*

Hinweis: *Der Text kann mehrmals wiederholt werden. Der Schnee legt sich immer auf einen anderen Körperteil, welcher dann auch benannt wird.*

Hurra, hurra, es schneit, es schneit,
 mit den Fingern zappeln
Schneeflocken seh' ich weit und breit.
 mit den Fingern zappeln
Sie fallen langsam und ganz leise,
machen eine weite Reise.
 mit den Fingern zappeln
Sie fallen auf den Kopf ganz munter,
 mit den Fingern auf den Kopf klopfen
kullern langsam nun herunter.
 mit den Fingerspitzen den Körper hinunter laufen
Ruh'n sich auf dem Bauch nun aus,
 die Hände auf den Bauch legen
ja, ihre Reise ist jetzt aus.

Die ganze Welt ist puderweiß

Alter: *ab 3 Jahren*

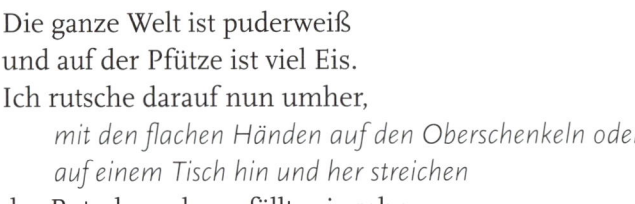

Die ganze Welt ist puderweiß
und auf der Pfütze ist viel Eis.
Ich rutsche darauf nun umher,
> *mit den flachen Händen auf den Oberschenkeln oder*
> *auf einem Tisch hin und her streichen*

das Rutschen, das gefällt mir sehr.
> *weiter streichen*

Ich rutsche langsam und mal schnell,
> *langsam und schnell streichen*

ich dreh' mich auch mal auf der Stell'.
> *kreisförmig streichen*

Ich rutsche kreuz und rutsche quer,
> *mit den flachen Händen hin und her streichen*

Rutschen, das ist gar nicht schwer.
> *weiter streichen*

Doch plötzlich knackt an diesem Ort
> *leicht auf die Oberschenkel oder den Tisch klopfen*

das Eis und ich lauf' ganz schnell fort.
> *auf den Oberschenkeln oder dem Tisch Laufbewegungen machen*

Weicher Schnee, er fällt vom Himmel

Alter: *ab 2 Jahren*

Hinweis: *Die Strophen können beliebig wiederholt werden. Der Schnee deckt dann immer einen anderen Körperteil zu, z. B. Kopf, Bein, Arm usw.*

Weicher Schnee, er fällt vom Himmel,
    mit den Fingern zappeln
das ist ein herrliches Gewimmel.
Schnee deckt sanft die Erde zu,
schenkt der Welt nun ihre Ruh'.
    Hände auf die Oberschenkel legen
Er fällt auf mich (dich) und hüllt mich (dich) ein,
zugedeckt soll(st) ich (du) nun sein.
    die Hände auf einen Körperteil, z. B. den Bauch legen

Variation:
Die Erzieherin legt kleine Kissen auf das Kind, sodass es zum Schluss mit kleinen Kissen zugedeckt ist.

Große Wolken dick und schwer

Alter: *ab 3 Jahren*

Hinweis: *Die Kinder können weitere Dinge nennen, die vom Schnee zugedeckt werden.*

Große Wolken dick und schwer,
ziehen am kalten Himmel daher.
    die Hände zu einer dicken Wolke zusammen legen
Plötzlich fällt zur Erde nieder
Langsam, aber immer wieder,
weicher Schnee und deckt dann zu
    mit den Fingern zappeln
das grüne Gras, denn es braucht Ruh'.
    die Hände auf die Oberschenkel legen

Große Wolken dick und schwer,
ziehen am kalten Himmel daher.
    die Hände zu einer dicken Wolke zusammen legen
Plötzlich fällt zur Erde nieder,
langsam, aber immer wieder,
weicher Schnee und deckt dann zu,
    mit den Fingern zappeln
den großen Baum, denn er braucht Ruh'.
    die Hände auf die Oberschenkel legen

Ein Mann aus Schnee und Eis

Alter: *ab 2 Jahren*

Ein Mann aus Schnee und Eis
hat Arme puderweiß,
  über die Arme streichen
hat eine Nase, einen Bauch,
  Nase und Bauch berühren
zwei große Ohren hat er auch,
  die Ohren zeigen
hat einen schönen Mund
  den Mund berühren
und Augen kugelrund,
  auf die Augen zeigen
trägt auf dem Kopf 'nen großen Hut,
  auf dem Kopf einen Hut andeuten
der steht ihm besonders gut.
So schaut er in das Land,
  den Kopf hin und her drehen
Schneemann wird er genannt.

Klassiker und Fingerspiele aus Omas Zeiten

Schon immer gab es Fingerspiele, die sich von den Urgroßeltern, über die Großeltern, Eltern bis in die jüngste Generation vererbt haben. Dieses wertvolle Erbgut sollte auch den heutigen Eltern und Pädagogen noch so wichtig sein, dass sie diese Spiele verantwortungsvoll weiter geben. Daher sollten Erzieherinnen mit Freude Fingerspiele wie „Wie das Fähnchen auf dem Turme" oder „Das ist der Daumen" mit den Kindern spielen.

Zottelsaum

Alter: *ab 4,5 Jahren*

Da kommt der freche Zottelsaum,
der will alle Äpfel klau'n.
Geschwind hüpft er von Ast zu Ast,
hat alle Äpfel angefasst.
Der erste ist sauer. Brrrrrrr
    Daumen heftig durchschütteln
Der zweite hat einen Wurm. IIIIgiiiittt!
    Zeigefinger
    Grimasse ziehen
Der dritte hat eine Wespe. Bssssssssss
    Mittelfinger
Der vierte ist faul. Ihhhhh!
    Ringfinger
Der fünfte aber, der ist klein,
    kleiner Finger
der schmeckt fein! Mmmmmmh!
Da kommt der große Pustewind,
    pusten
da wackelt aber der Apfelbaum,
    hin- und herschaukeln
da zappelt aber der Zottelsaum
und fällt hinunter ... plumps.

Wie das Fähnchen auf dem Turme

Alter: *ab 1,5 Jahr*

Wie das Fähnchen auf dem Turme
sich kann dreh'n bei Wind und Sturme,
so soll sich mein Händchen dreh'n,
dass es eine Lust ist, anzusehen.
    die Hand hin und her bewegen

Dies ist der Daumen Knuddeldick

Alter: *5 Jahren*

Dies ist der Daumen Knuddeldick,
das sieht man auf den ersten Blick.
Und macht das Kind ein Fäustchen,
kriecht Knuddeldick ins Häuschen.
   Faust bilden, Daumen darin verstecken
Der Zeigefinger, der ist klug,
der droht, wenn jemand Böses tut.
Bringt unser Kind zum Lachen
beim Kille-kille machen.
   mit dem Zeigefinger drohen, ihn krümmen
Der dritte ist der größte hier,
viel länger als die andern vier.
Da kann er schön bewachen,
was seine Brüder machen.
   auf den dritten Finger zeigen
Der vierte ist ein eitles Ding,
der trägt am liebsten einen Ring
und schmückt er sich zum Feste,
denkt er, er wär' der Beste.
   Bewegung des Ringansteckens
Von allen Fingern kommt zum Schluss,
der winzig kleine Pfiffikus.
Der wedelt mit dem Schwänzchen,
beim frohen Fingertänzchen.
   mit dem Finger Bewegung des Wedelns ausführen,
   zum Schluss alle Finger bewegen

Das ist der Daumen

Alter: *ab 3 Jahren*

Hinweis: *Jeder Finger wird einzeln gezeigt*

Das ist der Daumen,
der schüttelt die Pflaumen,
der hebt sie auf,
der trägt sie nach Haus
und der kleine Schelm
isst sie alle auf.

Der ist ins Wasser gefallen

Alter: *ab 3 Jahren*

Hinweis: *Jeder Finger wird einzeln angetippt oder angefasst. Der kleine Finger wird geschüttelt.*

Der ist ins Wasser gefallen,
der hat ihn herausgezogen,
der hat ihn ins Bett gelegt,
der hat ihn zugedeckt
und der kleine Schelm
hat ihn wieder aufgeweckt.

Steigt ein Büblein auf den Baum

Alter: *ab 1,5 Jahren*

Spielanweisung: *Der linke Arm und die linken gespreizten Finger stellen den Baum dar. Die Finger der rechten Hand klettern nun den Arm hinauf und springen vom kleinen Finger bis zum Zeigefinger. Das Vogelnest ist zwischen Daumen und Zeigefinger. Zum Schluss wird mit einem kleinen Schwung die rechte Hand auf den Oberschenkel fallen gelassen.*

Steigt ein Büblein auf den Baum,
hoch, so hoch, man sieht es kaum.
Hüpft von Ast zu Ästchen,
guckt ins Vogelnestchen.
Hei, so lacht es,
hei, so kracht es,
plumps, da liegt es unten.

> Obwohl manche Texte nicht mehr unserer heutigen Sprache entsprechen, sollten sie als Volksgut gesprochen und gespielt werden. Die folgenden Fingerspiele wecken schnell wieder so manche Erinnerung.

In einem Häuschen

Alter: *ab 2 Jahren*

In einem Häuschen sind schrecklich viele Mäuschen.
Sie trippeln und trappeln, sie zippeln und zappeln
    mit den Fingern zappeln
und will man sie haschen, husch, sind sie weg.
    die Finger auf den Rücken legen

Meine Hände

Alter: *ab 2 Jahren*

Spielanweisung: *Hier verschwinden nicht nur Hände sondern auch Ohren, Nase, Mund, Augen usw. Das Lied kann beliebig oft gesungen werden.*

1. Meine Hände sind verschwunden,
   die Hände hinter dem Rücken verstecken
   ich habe keine Hände mehr.
   Hui, da sind meine Hände wieder!
   die Hände wieder zeigen
   Ttral-la-la-la la.
   klatschen

2. Meine Ohren sind verschwunden,
   die Ohren mit den Händen verstecken
   ich habe keine Ohren mehr.
   Hui, da sind meine Ohren wieder!
   die Ohren zeigen
   Ttral-la-la-la la.
   klatschen

Fährt ein Schifflein auf dem Meer

Alter: *ab 2 Jahren*

Fährt ein Schifflein auf dem Meer,
schaukelt hin und schaukelt her.
  die Hände werden zusammengelegt und
  dem Text entsprechend hin und her bewegt
Kommt ein großer Sturm,
  pusten
fällt das Schifflein um.
  die Hände auf die Oberschenkel fallen lassen

Hampel und Strampel

Alter: *ab 2 Jahren*

Guten Morgen, ihr Füße,
wie heißt ihr denn?
Ich heiße Hampel und ich heiße Strampel.
  beide Füße anfassen erst den linken, dann den rechten Fuß
Ich bin das Füßchen Übermut
und ich bin das Füßchen Tunichtgut.
Übermut und Tunichtgut gehen auf die Reise.
  beide Füße anfassen
Platsch durch alle Sümpfe,
nass sind Schuh und Strümpfe.
Und guckt die Mutter um die Eck,
husch, laufen beide weg.
  mit den Füßen auf den Boden patschen

Zehn kleine Zappelmänner

Alter: *ab 4 Jahren*

Zehn kleine Zappelmänner zappeln hin und her,
   mit den Fingern hin und her zappeln
zehn kleine Zappelmänner
finden's gar nicht schwer.
Zehn kleine Zappelmänner zappeln auf und nieder,
   mit den Fingern hoch und runter zappeln
zehn kleine Zappelmänner tun das immer wieder.
Zehn kleine Zappelmänner zappeln rundherum,
   mit den Fingern rundherum zappeln
zehn kleinen Zappelmännern
scheint das gar nicht dumm.
Zehn kleine Zappelmänner spielten mal Versteck,
   mit den Fingern zappeln
zehn kleine Zappelmänner sind auf einmal weg.
   die Hände hinter den Rücken legen

In der Küche auf dem Tisch

Alter: *ab 3,5 Jahren*

In der Küche auf dem Tisch
steht ein Gläschen Milch, ganz frisch.

> *eine Hand gerade halten, die andere zur Faust legen und auf die flache Hand stellen*

Kätzchen will sich dran erlaben,

> *den Zeigefinger der rechten Hand zeigen*

von der süßen Milch was haben,
steckt das Köpfchen in das Töpfen und trinkt.

> *mit der linken Hand eine Öffnung formen und den Finger der rechten Hand dort hinein stecken; den Finger mit der linken Hand eng umschließen; nun werden Schmatzbewegungen gemacht*

Doch das Köpfchen ach oh weh,
das geht nicht mehr in die Höh'.

> *versuchen, den rechten Finger aus dem Loch zu ziehen, doch die linke Hand hält ihn in der Öffnung fest; es entstehen ruckartige Bewegungen*

Es ruckelt und zuckelt und schwups ist es da.

> *ruckartige Bewegungen machen und bei dem Wort schwups den Finger aus der Öffnung ziehen*

Rituale

An einem Kindergartenmorgen gibt es viele Abschnitte, die ritualisiert werden können. Rituale haben immer den gleichen Ablauf. Sie helfen dem Kind, sich in seiner Umgebung sicher und angstfrei zu bewegen. Sie unterstützen das stressfreie Ankommen. Die täglichen Rituale wie die Begrüßung, das gemeinsame Essen, das Wickeln, das Wecken nach dem Mittagsschlaf, die Verabschiedung sollten über lange Zeit hinweg immer gleich gestaltet werden. Ein bestimmtes Lied oder Fingerspiel, ein bestimmter Vers leitet einen Ablauf ein oder beendet ihn. Somit kann sich jedes Kind schnell orientieren und sich diesen neuen Ablauf merken. Im folgenden Kapitel finden Sie, liebe Erzieherin, viele Impulse für die Gestaltung der täglichen Rituale.

Begrüßungsrituale

Kurze, leicht erlernbare Fingerspiele geben den Kindern das Signal hier in ihrer Kindergartengruppe gern gesehen zu werden. Jedes Kind freut sich begrüßt zu werden und ist motiviert mit den anderen Kindern nun den Tag zu verbringen. Schnell vergessen sie den Trennungsschmerz und genießen den gemeinsamen Tagesanfang.

Die klitzekleine Krabbelmaus

Alter: *ab 2 Jahren*

Die klitzekleine Krabbelmaus
krabbelt allein vor ihrem Haus.
> *mit den Fingern einer Hand Krabbelbewegungen machen, die andere Hand liegt*
> *als geballte Faust auf dem Oberschenkel*

Sie weckt die Maus von nebenan,
> *die Finger krabbeln zur geballten Hand und tippen sie an*

schon fängt auch sie zu krabbeln an.
> *die andere Hand krabbelt*

Schon krabbeln sie zu zwein,
in die weite Welt hinein.
> *mit beiden Händen krabbeln*

Krabbeln beide ganz geschwind,
weil sie ausgeschlafen sind.
> *schnell krabbeln*

Krabbeln über Baum und Strauch,
> *hin und her krabbeln*

über Menschenkinder auch.
> *jetzt auf dem Körper des Kindes krabbeln*

Sie wecken jedes Menschenkind,
> *mit den Händen auf dem Arm, Bein oder Rücken des Kindes krabbeln*

weil sie unsere Freunde sind.

Fünf Faulpelze

Alter: *ab 4 Jahren*

Fünf Faulpelze liegen noch ganz still,
  mit der Hand eine Faust machen
weil jeder von ihnen noch schlafen will.
Doch die Sonne will sie wecken,
will sie mit ihren Strahlen necken.
  die Finger der anderen Hand strecken
Scheint auf den ersten Faulpelz drauf,
  die Sonnenstrahlenhand kitzelt den Daumen der anderen Hand
ganz langsam steht nun dieser auf.
  den Daumen langsam strecken
Nun wird auch der zweite wach,
  den Zeigefinger strecken
der dritte stöhnt, er macht viel Krach.
  den Mittelfinger langsam strecken und stöhnen
Der vierte reckt sich, ja und dann,
  den Ringfinger langsam strecken
steht auf, der faule Nebenmann.
  den kleinen Finger strecken
Fünf Faulpelze recken sich ganz schnell
  Finger recken
und zappeln wach sich auf der Stell'.
  mit den Fingern zappeln
Sie laufen in den Tag hinaus
  mit den Fingern schnell hinter den Rücken laufen
und kommen irgendwann nach Haus.

Das Licht begrüßt den neuen Tag

Alter: *ab 3 Jahren*

Spielanweisung: *Die Erzieherin geht im Kreis herum und streichelt die Kinder, danach werden die Bewegungen dem Text entsprechend nachgeahmt.*

Das Licht begrüßt den neuen Tag,
was er uns heut' wohl bringen mag?
Ich reck' mich, streck' mich, stehe auf
 sich recken, strecken und aufstehen
und schon beginnt der Tageslauf.
Munter spring' ich hin und her,
wach zu werden ist nicht schwer.
 munter springen
Ich steh' auch mal auf einem Bein,
 auf einem Bein stehen
das kann ich schon ganz allein.
Fass meinen Nachbarn an und dann
fang ich mit ihm zu springen an.
 ein Kind anfassen und gemeinsam springen
Nun bin ich wach, bin frisch und froh,
 sich noch einmal den ganzen Körper wach klopfen
den neuen Tag, den mag ich so.

Zwei Hasen

Alter: *ab 5 Jahren*

Auf einer Wiese wohnen zwei muntere Hasen.
die Mittel- und Ringfinger beider Hände auf die Daumen legen, die Zeige- und kleinen Finger hoch halten
Der eine heißt Hans
die eine Hasenhand zur Begrüßung beugen
und der andere heißt Franz.
die andere Hasenhand beugen
Beide sind Frühaufsteher: Noch bevor die Sonne hoch am Himmel steht, hüpfen sie schon munter vor ihrem Bau herum.
mit den Händen hüpfen
Hans und Franz haben morgens eine wichtige Aufgabe. Sie müssen die Tiere wecken, die unter den Tannen,
die Finger spitz zusammen legen und die Arme gestreckt hoch halten
den Laubbäumen
die Finger zu einem Kreis zusammenlegen und die Arme hoch halten
und unter den Büschen schlafen.
die Hände aneinander halten, die Finger spreizen und bewegen
Hans hoppelt
mit einer Hasenhand hoppeln
zu dem großen Hirsch und kitzelt ihn mit seinem Ohr.
mit dem Zeigefinger die geballte andere Hand kitzeln
Davon wird der Hirsch wach,
die Hände als Geweih an den Kopf halten
der schaut hin und her
den Kopf hin und her bewegen
und rennt dann so schnell er kann in den Wald.
mit den Händen auf die Oberschenkel schlagen
Franz hoppelt zum Storch
mit der anderen Hasenhand hoppeln
und kitzelt ihn mit seinem Ohr wach.
die andere geballte Hand mit dem Zeigefinger kitzeln
Auch der Storch wird wach, klappert ein paar mal mit seinem langen Schnabel
die Hände in Gebetshaltung aufeinander legen, waagerecht halten und schnell auf und zu schlagen

und fliegt dann fort.

mit den Händen Flugbewegungen machen

Hans und Franz wecken nun noch die Käfer

mit den Fingern zappeln

und die Regenwürmer.

mit dem Zeigefinger Wellenbewegungen machen

Erst als die Sonne hoch am Himmel steht,

die Finger zu einer Kugel zusammenlegen und so die Hände über den Kopf halten

haben Hans

mit der einen Hand einen Hasen darstellen

und Franz

mit der anderen Hand einen Hasen darstellen

ihre morgendliche Aufgabe erledigt. Jetzt freuen sie sich auf ihr Frühstück. Geschwind hoppeln sie auf das Rübenfeld, um dort nach Futter zu suchen.

mit den Händen hinter den Rücken hoppeln

Tipp: Laden Sie die Kind nun an den Frühstückstisch ein und nehmen Sie sich für ein gemeinsames Frühstück Zeit, denn es ist der Start in den Tag.

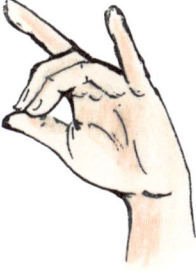

Schau die zappeligen Dinger

Alter: *ab 3 Jahren*

Schau die zappeligen Dinger,
das sind meine Finger.
    die Finger bewegen
Sie kribbeln und krabbeln,
mal hier und mal dort.
    mit den Fingern auf dem Körper herumkrabbeln
Sie kribbeln und krabbeln
an manch neuem Ort.
    zu einer anderen Körperstelle krabbeln
Sie kribbeln und krabbeln,
mal langsam mal schnell
    dem Text entsprechend auf einer Körperstelle krabbeln
Sie kribbeln und krabbeln
auch mal auf der Stell'.
    dem Text entsprechend auf einer Körperstelle krabbeln
Sie machen mich (dich) wach,
streicheln hier und auch dort,
    sich selbst streicheln
ja jetzt bin ich munter
und laufe schnell fort.
    mit den Händen auf die Oberschenkel schlagen

Früh morgens weck' ich meine Finger

Alter: *ab 3 Jahren*

Früh morgens weck' ich meine Finger,
diese ach so flinken Dinger.
    mit den Fingern zappeln

10 Finger die sind frisch und munter,
laufen an mir rauf und runter,
    am Körper rauf und runter laufen

klopfen hier und klopfen da,
auf verschiedene Körperteile klopfen
wecken mich ganz wunderbar.
Wecken Kopf und Bauch und Zehen,
auf die genannten Körperteile klopfen
kann fröhlich in den Tag nun gehen.
mit frohem Gesicht auf die Oberschenkel schlagen

Hallo, hallo wie ist das schön

Alter: *ab 1,5 Jahren*

Spielanweisung: *Die Erzieherin lädt die Kinder ein, sie spricht und zeigt und die Kinder machen alles nach.*

Hallo, hallo, wie ist das schön,
dich heute Morgen hier zu seh'n.
sich zuwinken
Begrüß die Nase, Ohren, Mund,
mit dem Zeigefinger die genannten Teile berühren
auch den Bauch, Herrn Kugelrund,
mit dem Zeigefinger den Bauch begrüßen
begrüß die Arme, Hand und Finger,
diese sind schon muntre Dinger.
die genannten Teile durch Berührung wecken
Begrüß die Beine, Füße, Zehen,
die genannten Teile wecken
so, nun kann ich (kannst du) schnell aufstehen.
Das Frühstück wartet schon auf mich (dich),
auf frische Brötchen (auf frisches Brot da) freu' ich mich.

Rituale

Schlafrituale

Zuhause sind die Kleinen es gewöhnt, liebevoll und mit einem besonderen Lied, Fingerspiel oder Streichelvers in den Schlaf begleitet zu werden. Deshalb sollte auch in der Tageseinrichtung auf eine leise, stille, harmonische Schlafvorbereitung Wert gelegt werden. Für die Bereitschaft des Kindes mit anderen Kindern in einem Raum zu schlafen, muss viel getan werden. Der Schlafraum sollte farblich und lichttechnisch harmonisch gestaltet werden, das Bett individuell und ansprechend sein und die Schlafbegleitung, d.h. die Einschlafgestaltung dazu beitragen, dass jedes Kind seine Ruhe findet. Neben leichter Entspannungsmusik helfen kleine Fingerverse und Körperspielgeschichten die nötige Ruhe zu finden. Auch ältere Kinder, die über die Mittagszeit im Kindergarten bleiben, sollten ruhen. Auch hier sind ruhige Spiele hilfreich.

Am Tag wenn Sterne schlafen gehen

Alter: *ab 2 Jahre*

Am Tag, wenn Sterne schlafen gehen,
 die Kinder spreizen ihre Finger und breiten ihre Arme aus
und dann dicht zusammen stehen,
 die Arme werden langsam vor dem Körper zusammengeführt
kuscheln sie sich ganz eng ein,
 die Finger werden ineinander gelegt
denn so ist es warm und fein.
Ruhen hier den ganzen Tag,
 Finger liegen ruhig ineinander
ein jeder Stern das gerne mag.
Kommt dann die Nacht, stehen sie auf,
 Finger langsam bewegen und lösen
und von vorn beginnt ihr Lauf.
 Finger spreizen, Hände langsam auseinander führen
Im Dunkeln ziehen sie daher,
 Hände mit gespreizten Fingern langsam hin und her bewegen
ihr Leuchten, das gefällt uns sehr.
Kommt dann der Tag, müssen sie geh'n,
 Hände hinter den Rücken führen
du kannst sie am Abend wieder seh'n.

Wenn der Mond am Himmel steht

Alter: *beliebig*

Wenn der Mond am Himmel steht
    mit den Fingern beider Hände einen Kreis zeigen
und der Tag dann schlafen geht,
ruft er die Sterne, leis' und sacht,
    Finger der beiden Hände spreizen und die Arme langsam nach oben führen
gemeinsam zieh'n sie durch die Nacht.
    die Hände hin und her bewegen
Mond und Sterne freu'n sich sehr,
    mit den Händen einen Mond und danach die Sterne darstellen
ziehen am Himmel leis' daher.
Sie schauen dir beim Schlafen zu
    auf ein Kind zeigen
und schenken dir ganz lange Ruh'.
Schließ die Augen, schlafe ein,
    sanft über die Augen streichen
der Mond wird schützend bei dir sein.

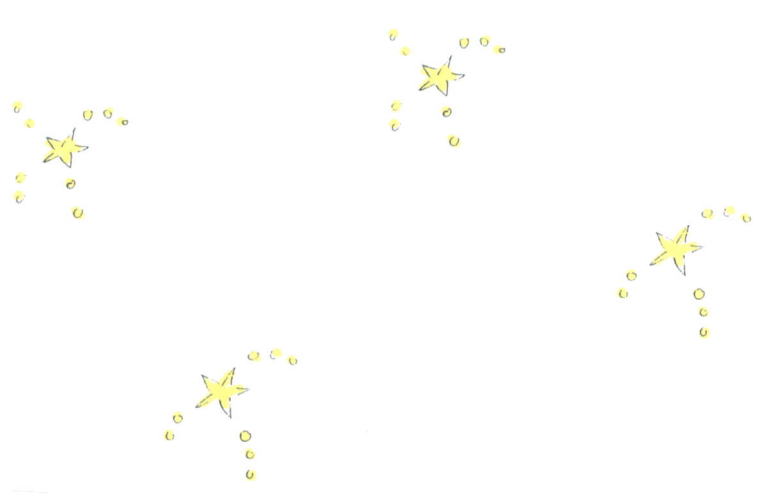

Mach nun deine Augen zu

Alter: *beliebig*

Spielanweisung: *Die Erzieherin geht von Bett zu Bett und führt bei jedem Kind die Bewegungen durch.*

Mach nun deine Augen zu,
> *sanft über die Augen streichen*

dein ganzer Körper, der braucht Ruh',
Beine, Füße und die Finger,
> *sanft die Körperteile berühren*

diese ach so muntren Dinger,
wollen alle etwas ruh'n,
wollen alle nichts mehr tun.
Wollen still im Bettchen liegen,
wollen sich ins Kissen schmiegen.
Mach nun deine Augen zu,
> *sanft über die Augen streichen*

dein ganzer Körper, der braucht Ruh'.

Du bist nun müde

Alter: *beliebig*

Spielanweisung: *Die Erzieherin geht von Bett zu Bett und streicht sanft über die genannten Körperteile.*

Du bist nun müde, musst ins Bett,
  gähnen
dort, da ist es warm und nett.
„Schlaf gut", sag ich zu Arm und Beinen
  über die Körperteile streichen
und zu den Zehen, diesen kleinen.
  über die Zehen streichen
„Schlaf gut", sag ich zu deinem Bauch,
  über den Bauch streichen
zu deinem Kopf sag ich es auch.
  über den Kopf streichen
Jetzt mach deine Augen zu,
  über die Augen streichen
denn sie brauchen ihre Ruh'.
Lieg nun ganz still und schlafe fein
unter deiner Decke ein.
  die Erzieherin deckt jedes Kind zu. Bei sanfter Musik schlafen die Kinder ein

Die Finger woll'n gleich schlafen gehen

Alter: *ab 2 Jahren*

Die Finger woll'n gleich schlafen gehen
  die Hände liegen geballt auf jedem Oberschenkel
und lange, lange stille stehen.
Noch einmal kommen sie heraus
  die Finger langsam strecken
und zappeln sich so richtig aus.
  Finger ausschlagen
Sie zappeln noch mal hin und her,
  mit den Fingern hin und her zappeln
rauf und runter, kreuz und quer
  mit den Fingern die Bewegungen machen
Sie zappeln langsam, stehen still,
weil jetzt jeder ruhen will.
  mit den Fingern die Bewegungen machen
Sie krabbeln langsam in ihr Haus,
  die Hände auf die Oberschenkel legen und langsam wieder ballen
liegen ganz still und ruh'n sich aus.

Abschiedsrituale

Sich gemeinsam verabschieden ist für jedes Kind ein wichtiger Teil des Tages. Durch eine offizielle Verabschiedung bekommen die Kleinen langsam ein Gefühl für die Zeit. Sie bereiten sich emotional auf das Wiedersehen mit der Mutter, dem Vater oder einem anderen Familienmitglied vor. Durch einfache Impulse wie Mitmachreime, Lieder oder Klatschverse nehmen die Kinder voneinander Abschied. Sie lösen sich von einem Tagesabschnitt und gehen bewusst in einen neuen. Erzieherinnen sollten sich für den gemeinsamen Abschied viel Zeit nehmen und ihn besonders ansprechend gestalten. So wird er zu einem unverzichtbaren Bindeglied zwischen Kindergarten und Elternhaus. Auch die älteren Kinder lernen über Abschiedsrituale die Regeln des Miteinanderumgehens kennen. Sie nehmen sich Zeit für ein freundliches „Auf Wiedersehen".

Auf Wiederseh'n

Alter: *ab 1 Jahr*

Auf Wiederseh'n, Auf Wiederseh'n,
die (der) liebe ... (hier wird der Name jedes Kindes eingesetzt)
will jetzt geh'n,
    dem jeweiligen Kind winken oder die Hand geben
sie (er) geht nach Haus, sie (er) geht nach Haus,
der Kindergarten ist nun aus.

Der Tag ist nun zu Ende

Alter: *ab 1,5 Jahren*

Hinweis: *Die Kinder stehen oder sitzen im Kreis.*

Der Tag ist nun zu Ende,
wir geben uns die Hände.
    die Kinder reichen sich die Hand
Wir sagen laut „Auf Wiederseh'n „
    alle sagen laut Auf Wiederseh'n
bevor wir dann nach Hause geh'n.

Variation:
aus dem „laut" wir ein „leis'"

Wir winken uns zu

Alter: *ab 1,5 Jahren*

Hinweis: *Die Kinder stehen oder sitzen im Kreis.*

Wir winken uns zu, wir winken uns zu,
  winken
ich und du wir brauchen nun Ruh'.
  mit dem Zeigefinger auf sich und ein anderes Kind zeigen
Wir gehen nach Haus, wir gehen nach Haus
und ruhen uns dort ganz lange aus.
  den Kopf auf die zusammengelegten Hände legen

Heute war es wunderschön

Alter: *ab 1,5 Jahren*

Hinweis: *Die Kinder stehen oder sitzen im Kreis.*

Heute war es wunderschön,
doch jeder von uns muss jetzt geh'n.
Wir reichen uns nun froh die Hände,
  die Kinder fassen sich an
alles hat einmal ein Ende.
Morgen sind wir wieder da,
vor Freude rufen wir „Hurra".
  alle rufen „Hurra"

Es wird Zeit, „Auf Wiederseh'n"

Alter: *ab 1,5 Jahren*

Hinweis: *Die Kinder stehen oder sitzen im Kreis.*

Es wird Zeit, „Auf Wiederseh'n"
   winken
doch bevor wir alle geh'n,
geben wir uns nun zum Schluss
einen schönen Abschiedskuss.
   die Kinder schicken einen Handkuss auf Reisen

117

Der Kindergarten, der ist aus

Alter: *ab 1,5 Jahren*

Hinweis: *Die Kinder stehen im Kreis und fassen sich an.*

Der Kindergarten, der ist aus,
wir gehen alle froh nach Haus.
Auf Wiederseh'n, auf Wiederseh'n
   alle winken sich zu
der Tag mit euch war wunderschön.

Zum Abschied klatschen wir ganz laut

Alter: *ab 1,5 Jahren*

Zum Abschied klatschen wir ganz laut,
mal sehen, wer sich so was traut,
wir klatschen laut
    alle klatschen
und sind nun still,
    die Hände liegen auf den Oberschenkeln
weil ich dir etwas schenken will.
    pantomimisch wird ein Handkuss in den Kreis gepustet

Zum Abschied stampfen wir ganz laut,
mal sehen, wer sich so was traut,
wir stampfen laut
    alle stampfen
und stehen still,
    Füße still halten
weil ich dir was schenken will.
    pantomimisch wird ein Handkuss in den Kreis gepustet

Variation:
Eine andere Körperberührung wird verschenkt, z.B. patschen oder trampeln.

Wir sitzen im Kreise

Alter: *ab 1,5 Jahren*

Spielanweisung: *siehe Text*

(Melodie: „Die Tiroler sind lustig", Text: Ingrid Biermann)

1. Wir sit-zen im Krei-se und win-ken uns zu, der
Tag ist zu En - de, der Tag geht zur Ruh'.

2. Wir haben gesungen, gespielt und gelacht,
   wir haben gemeinsam viel Schönes gemacht.

3. Wir wollen jetzt gehen und winken uns zu,
   der Tag ist zu Ende, der Tag geht zur Ruh'.

Trostrituale

Leider machen die Kleinen beim Großwerden oft schmerzhafte Erfahrungen. Beim Versuch aufzustehen, sind oft Dinge im Weg. Auch die ersten Gehversuche „fallen" oft schmerzhaft aus und jede andere, selbst gemachte Erfahrung kann mit schmerzhaften Erlebnissen verbunden sein. Doch Kinder verlieren nicht den Mut. Sie stehen schnell wieder auf und fangen von vorne an. Doch sie möchten auch getröstet werden, denn jeder Trost unterstützt den Heilungsprozess. Der Trost zeigt dem Kind, dass der Erwachsene den Schmerz ernst nimmt und mit ihm fühlt. Deshalb sollten die Erzieherinnen einige Trösterchen wie z.B. Streichelverse kennen. In diesem Kapitel finden Sie, liebe Erzieherin, Impulse, die Schmerzen lindern und die Heilung unterstützen.

Der Körper des kranken Kindes kann mit diesem Streichelspiel zu jeder Zeit und überall verwöhnt und beruhigt werden.

Ach o weh, der Kopf, der tut so weh

Alter: *beliebig*

Hinweis: *Die Erzieherin streicht dem Kind über die schmerzende Stelle.*

(Melodie: „AAA der Winter ist da.", Text: Ingrid Biermann)

Diese Strophe wird mehrmals gesungen. Hat das Kind sich beruhigt und die Streicheleinheit kann beendet werden, dann wird die Zweite Strophe gesungen

2. Ach o weh, der Kopf tut nicht mehr weh,
   ja, der Schmerz er ist nun fort,
   er ist an einem andren Ort.
   Ach o weh, der Kopf tut nicht mehr weh.
   die Erzieherin pustet den Schmerz weit weg

Weitere Strophen
... mein Bauch
... mein Fuß
... mein Knie
... mein Arm
... mein Po

Ich bin der Doktor Pustemann

Alter: *beliebig*

Spielanweisung: *Die Erzieherin singt das Lied und pustet auf die verletzte Stelle: Sie singt die Strophe so lange, bis das Kind sich beruhigt hat. Dann singt sie die letzte Strophe. Dabei wird in der letzten Strophe das Wort „gleich" durch das Wort „jetzt" ersetzt.*

(Melodie: „Ich bin der kleine Hampelmann.", Text: Ingrid Biermann)

1. Ich bin der Doktor Pustemann,
    schau her wie gut ich pusten kann!
    Mal hier,
        pusten
    mal dort,
        pusten
    Mal hier,
        pusten
    mal dort
        pusten
    der Schmerz, der ist gleich fort.

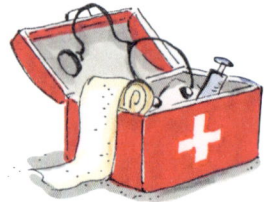

Ich helfe dir so gut ich kann

Alter: *beliebig*

Spielanweisung: *Die Erzieherin setzt sich mit dem Kind in eine ruhige Ecke und tröstet es mit dem Streichelvers. Dieser Vers wird so lange wiederholt, bis das Kind sich beruhigt hat.*

Ich helfe dir so gut ich kann,
und fange jetzt was Schönes an.
Streicheln, ja das macht gesund,
ich streichle dich nun jede Stund'.
Bald geht es dir wieder gut,
fühl einmal wie gut das tut.
In ein paar Tagen, du wirst sehen,
werden wir spazieren gehen.

Schau, was ich so alles kann

Alter: *beliebig*

Spielanweisung: *Die Erzieherin sagt den Vers und streichelt dabei das Kind. Der Vers wird so lange wiederholt, bis das Kind sich beruhigt hat.*

Schau, was ich so alles kann,
ich fange nun zu streicheln an.
Ich streichle dich und du wirst sehen,
gleich wird es dir schon besser gehen.
Du wirst gesund, kannst wieder lachen
und viele schöne Dinge machen.
Ich streichle dich nun jeden Tag,
ich streichle dich, weil ich dich mag.

Fünf Kräuterhexen sind schon alt

Alter: *ab 4 Jahren*

Fünf Kräuterhexen sind schon alt,
  die Finger einer Hand zeigen
sie wohnen in dem Tannenwald.
  die Finger zusammenlegen und spitz über dem Kopf hoch halten
Sie helfen jedem Menschenkind,
weil sie gute Hexen sind.
Die erste Hexe, die kocht Tee,
  Daumen zeigen
aus Kamille und auch Klee.
Die zweite, die rührt Salben an,
  Zeigefinger zeigen
womit man sich massieren kann.
Die dritte Hexe, die kocht Saft,
  Mittelfinger zeigen
der gibt wieder neue Kraft.
Die vierte sorgt für gute Luft,
  Ringfinger zeigen
sie macht aus Blumen einen Duft.
Die fünfte Hexe ist noch klein,
  kleinen Finger zeigen
sie kocht viele Kräuter ein.

Ihre Suppen sind gesund,
Bauch reiben
sie machen stark und kugelrund.
pantomimisch die Armmuskeln und den Bauchumfang zeigen
Die Hexen legen sich zur Ruh',
und machen ihre Haustür zu.
einmal die Hände zusammenschlagen
Sie gähnen laut und schlafen fein
gähnen
in ihren weichen Betten ein.
Kopf auf die zusammengelegten Hände legen

Mit einem Finger dieser Hand

Alter: *ab 2 Jahren*

Mit einem Finger dieser Hand
dem Kind den Zeigefinger zeigen
mach' ich nun so allerhand.
mit dem Finger zappeln
Der Zeigefinger will nicht ruh'n,
er will mir (dir) nun was Gutes tun.
Zeigefinger zeigen
Der Finger, der tippt hier und dort,
das Kind mit dem Zeigefinger an verschiedenen Körperstellen antippen
ist schnell an einem andern Ort.
Tippt auf die Nase, Kopf und Bauch,
auf meine (deine) Arme tippt er auch.
Tippt auf die Schulter, auf das Bein,
doch dieses ist ja nicht allein.
Das andre Bein, das tippt er an,
nun kommen noch die Ohren dran.
Die Hände, Füße und der Mund,
und auch die Augen kugelrund,
alle genannten Körperteile antippen
die tippt er an, jetzt ist vorbei,
diese schöne Tipperei.

In einem kleinen Häuschen

Alter: *ab 3 Jahren*

In einem kleinen Häuschen
Finger zusammen legen und wie ein Dach spitz halten
da wohnt ein krankes Mäuschen,
die Finger einer Hand spitz zusammen legen
ihm schmerzt der kleine Bauch,
den Bauch berühren
sein Kopf, der schmerzt ihm auch.
den Kopf berühren
Die Füße, ach o weh,
die Füße berühren
die tun ihm schrecklich weh,
die Arme und der Rücken,
die Arme und den Rücken berühren
es kann sich kaum noch bücken.
sich ein wenig bücken

In einem kleinen Häuschen
wieder ein Dach darstellen
wohnt ein gesundes Mäuschen.
mit der anderen Hand spitz zusammen legen
Das kocht aus Zwiebeln Saft,
pantomimisch rühren
denn der gibt ganz viel Kraft.
Schnell läuft aus seinem Häuschen
mit dem Saft das Mäuschen,
eine Maushand machen und sich zur anderen Maushand bewegen
und schon nach einer Stund'
ist dann wieder gesund
das kleine kranke Mäuschen
die andere Hand bewegen
dort drüben in dem Häuschen.
Geschwind läuft es hinaus
hinter den Rücken laufen
und die Geschichte ist nun aus.

Tisch- und Essensrituale

Das gemeinsame Essen gehört zum pädagogischen Alltag und sollte auch bei allen Kindern einen festen Platz einnehmen. Durch Fingerspiele, Verse oder andere Reime, die vor oder nach der Mahlzeit gesprochen werden, wird das gemeinsame Essen zu einem besonderen Erlebnis. Es geht nicht nur um das Sattwerden, sondern auch um den sensiblen Umgang mit Nahrungsmitteln. Mit erhöhter Aufmerksamkeit befasst sich das Kind mit dem Thema Ernährung und spürt, was ihm gut tut und schmeckt und was nicht. Ein schön gedeckter Tisch, ein Vers, ein Fingerspiel oder ein Gebet unterstützen das Erlebnis des gemeinsamen Essens. In diesem Kapitel finden Sie bekannte und neue kleine Impulse, mit denen gemeinsame Mahlzeiten eingerahmt werden können.

Ich trinke Saft für meinen Durst

Alter: *ab 2 Jahren*

Hinweis: *Die genannten Lebensmittel stehen zum Probieren auf dem Tisch.*

Ich trinke Saft für meinen Durst,
    pantomimisch das Trinken spielen
ich esse Käse und auch Wurst.
    pantomimisch das Essen spielen
Mein Bauch, der freut sich jeden Tag,
    sich den Bauch streichen
ich bin gesund und ganz, ganz stark.
    Arme anwinkeln und so die Stärke zeigen
Kommt und esst nun mit,
ich wünsche „Guten Appetit".

Kommt jetzt schnell herbei

Alter: *beliebig*

Hinweis: *Die Erzieherin steht am Essenstisch und sagt den Vers.*

Kommt schnell herbei, kommt schnell herbei,
    sie winkt die Kinder herbei
hier gibt es heut' so allerlei.
Gesunde Sachen liegen frisch,
hier auf dem gedeckten Tisch.
    sie zeigt auf den Tisch
Kommt schnell herbei, kommt schnell herbei,
hier gibt es heut' so allerlei.
    sie winkt die Kinder herbei

Tischsprüche

Alter: *ab 1 Jahr*

Spielanweisung: *die Kinder fassen sich an den Händen*

Wir sitzen beisammen, der Tisch ist gedeckt,
wir wünschen einander, dass es uns schmeckt!
„Guten Appetit"

Was wir haben, kommt von dir,
lieber Gott wir danken dir.

Jedes Tierlein hat sein Essen,
jedes Blümlein trinkt von Dir,
hast auch uns hier nicht vergessen,
lieber Gott, wir danken Dir!

Wir reichen uns die Hände
nach guter alter Sitt'
und wünschen uns zum Essen
einen guten Appetit!

Die Suppenmaus

Alter: *ab 2 Jahren*

Die Suppenmaus, die Suppenmaus,
die kommt aus ihrem Haus heraus.
der Zeigefinger der rechten Hand wird hinter dem Rücken hervorgeholt
Sie schleckt den Teller leer,
mit dem Zeigefinger über die Innenhandfläche der linken Hand streichen
sie ist satt und mag nicht mehr.
Der Bauch ist voll, jetzt ruht sich aus,
den Finger still in die Innenhandfläche legen
die klitzekleine Suppenmaus.
den Finger wieder auf den Rücken legen

Fünf Käfer wollen essen gehen

Alter: *ab 4 Jahren*

Fünf Käfer wollen essen gehen
  die Finger einer Hand zeigen
und sich den Frühstückstisch ansehen.
Der erste frisst die leckre Wurst,
  den Daumen zeigen
der zweite hat heut' ganz viel Durst,
  den Zeigefinger zeigen
der dritte frisst das Frühstücksei,
  den Mittelfinger zeigen
der Vierte schleckt den süßen Brei,
  den Ringfinger zeigen
der fünfte, ja der ist noch satt,
  den kleinen Finger zeigen
nun liegen alle müd' und matt
  die Hand auf den Oberschenkel legen
im Gras, um lange auszuruh'n
und um gar nichts mehr zu tun.

Mein Bauch ist leer

Alter: *ab 1,5 Jahren*

Mein Bauch ist leer, mein Bauch ist leer,
gutes Essen muss nun her.
> *mit der Hand über den Bauch kreisen*

Ich setz mich an den Mittagstisch (Frühstückstisch)
hier gibt es alles ganz, ganz frisch.
> *die Kinder essen gemeinsam*

Schlussvers:
Mein Bauch ist voll, mein Bauch ist voll,
das ist toll.
> *mit der Hand über den Bauch kreisen*

In dem Korb hier auf dem Tisch

Alter: *ab 2 Jahren*

Hinweis: *Auf dem Tisch steht ein Korb mit frischem Obst, welches nach dem Vers gemeinsam verzehrt wird.*

In dem Korb hier auf dem Tisch
> *beide Hände zur Schale zusammenlegen*

liegt das Obst, es ist ganz frisch.
Ich steck es in den Mund,
> *die Hand zum Mund führen*

mmmmhh es schmeckt und ist gesund.
> *sich den Bauch reiben*

Kommt und esst nun alle mit,
ich wünsche euch „Guten Appetit".

Exkurs „Ganzheitliches Lernen"
Am Beispiel von Himpelchen und Pimpelchen

Ganzheitliches Lernen von Anfang an

In allem was ein Kind tut, sieht, hört, fühlt, in jeder Auseinandersetzung mit Dingen oder Abläufen, stecken wichtige Erfahrungen, die im Gehirn abgespeichert werden. Je mehr Stimulationen das Kind bekommt, umso klarer wird ihm seine Welt. Sieben Sinne helfen ihm bei diesen Erfahrungen. Beobachtungen zeigen, dass das Kind, wenn es entdeckt, erforscht und gestaltet, wie selbstverständlich diese sieben Sinne benutzt. Ein Käfer wird nicht nur betrachtet, er wird angefasst und seine Bewegungen werden beobachtet und nachgemacht. Das Kind setzt den Käfer auf die Hand und spürt sein Krabbeln.

Auch bei der Auseinandersetzung mit einem neuen Lied, einem Vers, einem Fingerspiel hört das Kind nicht nur zu, sondern spielt mit, bewegt sich mit und spricht mit. Je vielfältiger die Stimulation ist, umso neugieriger wird es und umso mehr probiert es aus. Ein Fingerspiel vom Blätterbaum regt dazu an, Blätter auf der Wiese zu sammeln, einen Blätterregen zu imitieren oder sich unter den Blättern zu verstecken. Ein Regenvers kann Lust auf einen Regenspaziergang oder auf Pfützenspringen machen. Je mehr Sinne für das Erlernen einzelner Impulse eingesetzt werden, umso mehr verknüpfen sich diese Erfahrungen im Gehirn. Über die Kontaktstellen, die Synapsen, speichert es zunächst jede Erfahrung ab. Erfahrungen, die nicht mehr abgerufen werden, werden wieder abgebaut. Die Erzieherin kann in ihrer täglichen Arbeit dafür Sorge tragen, dass das Kind vielfältige, ganzheitliche Erfahrungen machen kann. Ganzheitliche, pädagogische Arbeit kennzeichnet sich also durch ihre Vielfältigkeit aus.

Im folgenden Kapitel wird an einem Beispiel diese ganzheitliche Aufbereitung eines Impulses, dem Fingerspiel „Himpelchen und Pimpelchen" deutlich gemacht. Die angegebenen Zielformulierungen sollen Ihnen noch einmal deutlich machen, was angeregt und unterstützt wird.

Hinweis für den Umgang mit den folgenden Impulsen

Nach dem Fingerspiel als Einstiegsimpuls ist die hier angegebene Reihenfolge nicht die, nach der Sie, liebe Erzieherin, vorgehen sollen oder müssen. Die Angaben sind nur eine Sammlung von möglichen Aufbauimpulsen, um Ihnen damit die Vielfältigkeit, die in einem Fingerspiel steckt, zu verdeutlichen. Schauen Sie auf die Begeisterung, mit der Ihre Kinder die einzelnen Impulse miterleben. So können sie z. B. das Bedürfnis haben, das Fingerspiel an mehreren Tagen immer auf die gleiche Weise zu hören. Diesem Bedürfnis sollte natürlich nachgegangen werden. Vielleicht ist aber auch die Entdeckung der Wiese, auf der Himpelchen und Pimpelchen wohnen, von großer Wichtigkeit, sodass das Sammeln von Steinen und Stöckchen über mehrere Tage interessant ist. Natürlich kann es auch sein, dass ganz automatisch aus dem Fingerspiel ein Bewegungsspiel wird. Auch während der freien Spielphase können Impulse wie Beeren essen, barfuß laufen, Stöckchen sammeln, Höhlen bauen in Anlehnung an das Fingerspiel die Handlung und den Ablauf der weiteren Impulse bestimmen. Inspirationen geben Ihnen die Kinder, sie geben an, was dran ist.

Ausgangsimpuls Fingerspiel

Alter: *ab 3 Jahren*

Ziele: *visuelle, akustische und kinästhetische Erfahrung; Auge-Hand-Koordination, Schulung der Konzentration und der Mitmachfreude, erste Auseinandersetzung mit dem Reim, der Sprachmelodie, dem Sprechtempo; Wortschatzerweiterung.*

Himpelchen und Pimpelchen,
der rechte und linke Zeigefinger wird gezeigt
stiegen auf einen Berg.
mit den Fingern wird auf den Kopf gestiegen
Himpelchen war ein Heinzelmann
und Pimpelchen war ein Zwerg.
Sie blieben lange dort oben sitzen
und wackelten mit ihren Zipfelmützen.
leicht mit dem Kopf wackeln
Doch nach vielen, vielen Wochen
sind sie in den Berg gekrochen,
langsam die Hände auf den Rücken führen
schlafen dort in Ruh'.
Seid mal still und hört gut zu.
die Kinder legen den Kopf auf die Hände und schnarchen

1. Aufbauimpuls: Mitmachgeschichte

Alter: *ab 3 Jahren*

Ziele: *visuelle, akustische, kinästhetische, gustatorische Erfahrung, Texterinnerung, Wortschatzerweiterung; Schulung der Reaktion, Konzentration und Mitmachfreude, Stärkung der Mundmuskulatur (schnarchen), Kontakt mit der Sprachmelodie.*

Spielanweisung:

Die Erzieherin erzählt eine Mitmachgeschichte. In ihr kommen immer wieder Zeilen aus dem Fingerspiel vor. Sie gestaltet den Inhalt dieser Geschichte mit den Dingen aus, die sie durch weitere Impulse bearbeiten will. In dieser Mitmachgeschichte reagieren die Kinder auf ein bestimmtes Signal mit einer Bewegung. Hier sind es die Worte „Himpelchen und Pimpelchen". Bei dem Wort „Himpelchen und Pimpelchen" stehen sie auf und setzen sich wieder. Die Erzieherin macht mit und gibt den Kindern dadurch Mitmachsicherheit.

Geschichte:

Es waren einmal zwei Freunde. Der eine hieß **Himpelchen** und der andere **Pimpelchen. Himpelchen** *war ein Heinzelmann und* **Pimpelchen** *war ein Zwerg.* Die beiden Freunde schliefen in einem Berg. Morgens, wenn die Sonne aufging, reckten und streckten sie sich, und dann zogen sich **Himpelchen** und **Pimpelchen** an. Sie setzten ihre Zipfelmütze auf und gingen hinaus auf die Wiese. Barfuß stampften sie durch das feuchte Gras, gingen über nassen Sand und matschige Erde und überall sah man ihre Spuren. Auf der Wiese suchten sie für ihr Frühstück frische Beeren. Manchmal pflückten sie ganz viele Beeren und backten daraus leckere Beerenkuchen. Manchmal sammelten sie aber auch lange und kurze Stöcke für ihren Ofen. An manchen Tagen sammelten sie schwere und leichte Steine und große und kleine Blätter, um bei Regenwetter im Berg damit zu spielen. An manchen Tagen pflückten sie duftende Gräser und Blumen für ihre Wohnung. Jeden Morgen trafen sie auch ihre Freunde die Käfer, die Schmetterlinge und viele Vögel. Himpelchen und Pimpelchen schauten ihnen beim Krabbeln und Fliegen zu. Danach stiegen Himpelchen und Pimpelchen *auf einen hohen Berg. Sie blieben lange dort oben sitzen und wackelten mit ihren Zipfelmützen.* Sie schauten lange ins Tal, denn dort gab es viel zu sehen. Sie sahen viele dicke, große Bäume, Enten, die auf einem See schwammen und viele, viele Menschen, die immer hin und her liefen. Nachdem sie so viel gesehen hatten und müde waren, *sind sie in den Berg gekrochen, schlafen dort in Ruh'. Seid mal still und hört gut zu.*

(Die Kinder legen ihren Kopf auf die Hände und schnarchen. Nachdem die Erzieherin die Kinder mit einer Feder geweckt hat, bekommen sie Beeren, die Himpelchen und Pimpelchen immer gegessen haben (gustatorische Erfahrung)).

2. Aufbauimpuls: Naturwissenschaftliche Erfahrungen durch Suchen und Entdecken

Alter: *ab 3 Jahren*

Ziele: *Visuelle, akustische, taktile, gustatorische, olfaktorische, kinästhetische Erfahrungen; Textwiederholung; Fähigkeit, den Text in Bewegung umzusetzen; soziale, emotionale Erfahrung, vielerlei sprachunterstützende Erfahrungen; Erleben von Spaß und Freude in der Gemeinschaft; erste mathematisch-naturwissenschaftliche Erfahrungen.*

Material: *lange und kurze Stöck, schwere und leichte Steine, große und kleine Blätter*

Ablauf:
Die Kinder bekommen ein kleines Körbchen oder eine Tüte. Sie gehen, wie Himpelchen und Pimpelchen, barfuß auf die Wiese und sammeln dort das, was die Freunde auch gesammelt haben (außer vielleicht Beeren). Danach bekommen sie, draußen oder in der Gruppe, die Möglichkeit, gemeinsam mit der Erzieherin aus Stühlen, Kisten, Bänken, Hockern, Tischen und mit Hilfe von Tüchern und Decken Berge und eine Höhle zu bauen und die Wiese oder den Gruppenraum, mit allem, was sie gesammelt haben zu gestalten. Nun können sie wie Himpelchen und Pimpelchen mit den gesammelten Naturmaterialien spielen, Höhlen bauen, balancieren, klettern usw.
Zum Schluss kann noch einmal das Fingerspiel wiederholt werden.

3. Aufbauimpuls: Bewegungsgeschichte

Alter: *ab 3 Jahren*

Ziele: *Vernetzung der visuellen, akustischen, kinästhetischen, vestibulären, taktilen, gustatorischen und olfaktorischen Wahrnehmung; Entdeckung der Fantasie und Kreativität; Entwicklung der Mitmachfreude und Unterstützung der Sozialkompetenz sowie Handlungserinnerung durch den bekannten Text.*

Material: *Stühle, Hocker, Steine, Stöcke, Blätter, für jedes Kind eine Tüte oder ein Korb*

Spielanweisung: *Stühle und Hocker symbolisieren den Berg. Steine, Stöckchen, Blätter etc. werden im Raum verteilt. In dieser vorbereiteten Umgebung wird aus der Mitmachgeschichte eine Bewegungsgeschichte. Alle Handlungen werden dargestellt. Zusätzlich liegen Tüten oder Körbe bereit, mit denen die Kinder an passender Stelle in der Geschichte die Stöcke, Blätter, Steine, Gräser und Blumen wieder einsammeln. Die Erzieherin spielt mit und erzählt die Geschichte ganz langsam, damit alle Kinder die Bewegungen und Aufgabenstellungen gut durchführen können.*

Bewegungsgeschichte:

Es waren einmal zwei Freunde. Der eine hieß Himpelchen und der andere Pimpelchen. *Himpelchen war ein Heinzelmann und Pimpelchen war ein Zwerg.* Die beiden Freunde schliefen in einem Berg. Morgens, wenn die Sonne aufging, reckten und streckten sie sich, und dann zogen sich Himpelchen und Pimpelchen an. Sie setzten ihre Zipfelmütze auf und gingen hinaus auf die Wiese. Barfuß stampften sie durch das feuchte Gras, gingen über nassen Sand und matschige Erde und überall sah man ihre Spuren. Manchmal sammelten sie lange und kurze Stöcke für ihren Ofen. An manchen Tagen sammelten sie schwere und leichte Steine und große und kleine Blätter, um bei Regenwetter im Berg damit zu spielen. An manchen Tagen pflückten sie duftende Gräser und Blumen für ihre Wohnung. Jeden Morgen trafen sie auch ihre Freunde die Käfer, die Schmetterlinge und viele Vögel. Himpelchen und Pimpelchen schauten ihnen beim Krabbeln und Fliegen zu (alle o.g. Bewegungen werden durchgeführt). Danach stiegen *Himpelchen und Pimpelchen* auf einen hohen Berg (Kinder steigen auf den Stuhl, den Tisch, den Hocker). *Sie blieben lange dort oben sitzen und wackelten mit ihren Zipfelmützen* (mit dem Kopf wackeln). Sie schauten lange ins Tal, denn dort gab es viel zu sehen. Sie sahen viele dicke, große Bäume, Enten die auf einem See schwammen und viele, viele Menschen, die immer hin und her liefen (alle Bewegungen nachmachen). Nachdem sie so viel gesehen hatten und müde waren, *sind sie in den Berg gekrochen* (unter den Stuhl, den Tisch oder den Hocker kriechen), *schlafen dort in Ruh'. Seid mal still und hört gut zu* (Die Kinder legen ihren Kopf auf die Hände und schnarchen. Nachdem die Erzieherin die Kinder mit einer Feder geweckt hat, bekommen sie wieder Beeren von Himpelchen und Pimpelchen.)

4. Aufbauimpuls: Körperwahrnehmungsspiel

Alter: *beliebig*

Ziele: *Taktile und akustische Erfahrung; soziale, emotionale Erfahrung; Sprache spüren; Konzentration unterstützen; die Körperspannung regulieren.*

Spielanweisung: *Die Erzieherin lädt jedes Kind ein, dieses Fingerspiel auf dem Rücken zu spüren. Nacheinander legen sie sich auf eine grüne Decke (Wiese). Die Erzieherin spielt das Fingerspiel auf dem Rücken des Kindes: Die anderen schauen zu und durch das Zuhören wird der Fingerspieltext wiederholt.*

Himpelchen und Pimpelchen,
der rechte und linke Zeigefinger wird gezeigt
stiegen auf einen Berg.
mit den Fingern wird auf den Kopf gestiegen
Himpelchen war ein Heinzelmann
und Pimpelchen war ein Zwerg. Sie bleiben lange dort oben sitzen
und wackelten mit ihren Zipfelmützen.
leicht mit dem Kopf wackeln
Doch nach vielen, vielen Wochen
sind sie in den Berg gekrochen,
langsam die Hände auf den Rücken führen
schlafen dort in Ruh'.
Seid mal still und hört gut zu.
die Kinder legen den Kopf auf die Hände und schnarchen

5. Aufbauimpuls: Gestalten und experimentieren

Alter: *ab 3 Jahren*

Ziele: *Visuelle, akustische, taktile, kinästhetische Erfahrungen, Sprachgedächtnis, Wort- und Bewegungserinnerung, Mut zur Kreativität, Konzentration, Experimentierfreude, sozial-emotionales Training.*

Ablauf

Die Kinder sitzen auf einer grünen Decke (Wiese). Sie werden eingeladen, das erlernte Fingerspiel gemeinsam zu sprechen. Die Erzieherin unterstützt diese kleine Aufgabe. Danach werden sie mit Hilfe eines Zauberstabs in Himpelchen und Pimpelchen verwandelt, die nun wunderbare taktile Erfahrungen machen können.

Auf eine große Folie wird nun Sand gestreut und die Kinder können barfuß ihre Spuren hinterlassen. Später wird der Sand nass gemacht auf dem dann die Kinder ihre neuen taktilen Erfahrungen machen.

In einem Sand-Kleistergemisch können sie mit Steinen und Stöckchen Muster malen. Dieses kreative Spiel kann mit Hilfe von klassischer Musik unterstützt werden. Hände und Füße sind ihre Malhilfen.

Weitere Aufbauimpulse

Alter: *ab 3 Jahren*

Experimentieren mit Sand Wasser, Erde
Malen mit Erdfarbe, Sandmatsche
Beerenkuchen backen
Mengenspiele mit Stöcken, Steinen
Blumen pflücken, einpflanzen usw.
Spielen und experimentieren mit Blättern usw.

Spieleregister

140

141